中京大学文化科学叢書
18

英語学と英語教育の接点

中川直志 編著
松元洋介 著
吉川　寛 著

金星堂

目　次

まえがき

第一部　言語理論と英語教育の接点　　　　　　　　中川　直志　　1
現在完了相の指導法に関する一考察—形式の機能合成的概念化を目指して—　　3
アスペクト性を認識させる文法指導　　23
新学習指導要領を踏まえた教材研究と指導案—文構造の理解をコミュニケーションに活かすために—　　41
中高一貫教育における文法指導—覚える文構造から理解する文構造へ—　　61
意味機能・文法機能と構造の関係を整理する—主語の指導と副詞の指導—　　83

第二部　英語史と英語教育の接点　　　　　　　　　松元　洋介　　105
助動詞のより深い理解を目指した指導法—英語史と意味の観点から—　　107
英語の名詞と動詞における「不規則」変化について　　133

第三部　国際英語論と英語教育の接点　　　　　　　吉川　寛　　145
国際英語論と英語教育　　147
日本人英語と意味　　175
身体名称に関する慣用表現の類似性と相違性—日・英・韓の比較に見る—　　191
韓国の英語事情　　209
韓国と日本における英語事情の変化—英語教科書とテレビCMに見る—　　223
韓国の大学生における英語への認識—日本の大学生と比較して—　　239

執筆者紹介　　256

まえがき

　本書は中京大学文化科学研究所において共同研究を行っている（準）所員3名による論集である。共同研究の立ち上げは3年前に遡る。
　中京大学国際英語学部は2014年度を期して組織改編を行い，1学科3専攻体制で再スタートを切った。3専攻の1つ「国際英語キャリア専攻」には「英語のプロフェッショナル育成」を合言葉に，それまで2学科に分散していた言語学系教員が集結することとなったが，そこに含まれた本書の執筆者3名（吉川氏は2013年度で定年を迎えられたが，現在も卒論指導を含めた教育に従事しておられる。）に，それまで研究面での連携は殆どなかった。しかし，新専攻の開設を期に一つ屋根の下で協働することとなり，これを契機として共同研究を立ち上げることとしたのである。折しも，言語学の教育への応用が盛んに提唱され，また，教員養成課程と学士課程の密接な連携が文部科学省からも求められ始めた時期であり，専攻としても教員養成をその大きな目標の一つに数えていた。このような状況下にあって，すでにそれぞれが英語学と英語教育の連携について研究を迫られていたこともあって，立ち上げ自体はスムーズに進んだ。言語も教育も文化の重要な要素であることは言うまでもあるまい。文化科学研究所から研究組織として正式に認知して頂き，物心両面の支援を頂いている。
　それぞれが多忙の身であるため，連名で論文を出せるほど密な研究連携はまだその構築途上にあると言わざるを得ないが，同僚として日頃から密に接していることから，率直な意見交換の機会はある程度確保できた。研究分野や理念の違いに由来する意見の相違も同僚としての個人的信頼関係がそれを乗り越えさせてきたと言ってよい。非科学的かもしれないが，分野横断的プロジェクトが成果として結実するまでには，得てしてそのようなプロセスがあるものである。結果としてここに，3名がそれぞれの立場から心置きなく自説を展開する論集を上梓することができた。読者におかれても，各自の主張を虚心に読み，英語学と英語教育の関係，そして，両者が有機的に連携できる「接点」につい

て自由に考えを巡らせて頂ければ幸いである。

　本書は大きく3部構成となっている。第一部は主に理論言語学の立場から中川が，第二部は英語史研究の立場から松元氏が，第三部は国際英語論の立場から吉川氏がそれぞれ執筆している。各論はそれぞれ独立して読めるものであり，どの論から読み始めても構わないが，各部の冒頭に，各論の紹介とそれぞれの立場からの「接点」に対する見解が述べられているので，是非参考にして頂きたい。

　最後になったが，本書の出版は無論，共同研究全般を温かく支えて頂いた明木茂夫所長，甘露純規運営委員長をはじめ，文化科学研究所の皆様に心より謝意を表したい。研究所の支援なくしては共同研究自体が成立しなかったと言ってよい。また，企画段階から出版に至るまで様々なご高配を頂いた金星堂，とりわけ編集にご協力頂いた平田英司氏に厚く御礼申し上げる。

2017年3月　中川直志

第一部　言語理論と英語教育の接点

中川　直志

　第一部においては理論的言語研究の成果と英語教育の節点を探る。まず，各論文の概要を紹介する。

　最初の2つの論文「現在完了相の指導法に関する一考察―形式の機能合成的概念化を目指して―」，「アスペクト性を認識させる文法指導」においては，前者の論文において，現在完了のアスペクト性を認識させるために have 自身が持つアスペクト性を認識させる必要性があることを指摘した上で，後者の論文において，動詞それぞれが持つアスペクト性に，文法的アスペクトや，目的語や副詞句との相互作用が加わって文が表わす事象全体のアスペクト性が決定されることを概観している。その上で，特に単純現在形のアスペクト性について理解させる必要性を主張し，海外の実用文法書に見られる工夫も紹介しながら，その指導法について考察している。

　次に掲載する2つの論文「新学習指導要領を踏まえた教材研究と指導案―文構造の理解をコミュニケーションに活かすために―」，「中高一貫教育における文法指導―覚える文構造から理解する文構造へ―」においては，新学習指導要領（現行の学習指導要領，2016年現在）の読み込みを踏まえて，文構造を正しく理解させる必要性とその方策について論じている。具体的には，「従属接続詞」や「意味上の主語」といった指導現場でよく耳にする概念を取り上げ，それらが使い勝手のよい概念である一方，本質的理解が備わっていない可能性を指摘し，指導者として身に着けておきたい理論的知識について言及している。

　最後に掲載する論文「意味機能・文法機能と構造の関係を整理する：主語の

指導と副詞の指導」においては、「主語」の本質的理解がいかに難しいかを論じながら、文構造の理解にあたって、意味機能や文法機能と文構造の関係が整理されて理解される必要性を主張し、その整理によって、主語や副詞に対するより精緻な指導が可能となることを示す。

　各論文は理論的記述が少ない方から順に並んでいる。理論的記述はできる限り抑えるようにしたが、理論的考え方の本質がゆがめられるようなことまではしていない。樹形図やそれに基づく定義など、学生時代に生成文法で苦しんだ方々の中には、見ただけで本を閉じたくなる方もいるかもしれないが、前提知識がなくても前から順に読み進められるようにしたつもりである。最後の論文では現在の生成文法が想定する文構造のおよその全体像が見渡せるであろう。

　理論の魅力の一つは、現象の背後にある本質をより明示的に示してくれることにある。樹形図などはその一つの道具に過ぎないと（少なくともここでは）言ってよいだろう。したがって、読者の方々には、理論の細かいところに捕らわれることなく、理論的考え方が、我々が日頃感じている（あるいは感じるだけの感性を備えたい）素朴な疑問に対して、いかに答えを与えてくれるのか感じ取って頂ければそれで十分であると考える。

現在完了相の指導法に関する一考察
―形式の機能合成的概念化を目指して[1]―

中川　直志

1. はじめに

　現在完了・過去完了は学生が最も苦手とする文法項目の一つである。その原因の一つが，(1) の空所に適語を入れるよう指示した時の答えに垣間見える。

　(1) 現在完了（　　）

(1) の空所に入れる第一の候補として多くの学生が「形」と答える。これは学校教育において「形式から入り，形式を覚える」ことを徹底された結果に他ならない。形式を覚えること自体は決して否定されるべきものではなく，完了に苦手意識を持つ学生も，標準レベル（英検準2級程度としておく）であれば，「have + 過去分詞」という語順を覚えたり，have と主語を倒置させることによって疑問文を作ったり，have に not を続けることによって否定文を作ったりする段階でつまずくことは少ない。このこと自体は肯定されるべき成果である。

　その一方で，完了形の機能や用法といった話になると，多くの学生の自信が揺らぎ始める。「現在完了はどんな時に使う表現か？」といった質問を投げてみると，「現在と過去が繋がっている」といった答えが異口同音のごとく返ってくるのだが，現在完了形と過去形の使い分けを問われると困り果てる学生が少なくない。

　(1) の空所に「形」が入ること自体を問題視する必要はないのかもしれないが，同所に「相（アスペクト）」が入る可能性に思い至らない学生や，また，「アスペクト」という（用語ではなく）概念自体を知らない学生が英文系の学科にさえ散見される事態は重く受け止めなければならない。教職課程に至っては「何をか言わんや」の感もある。

そこで，本稿においては，文献や映像資料において紹介されている現在完了の指導法を検証しつつ，完了のアスペクト性を「have + 過去分詞」という形式と結び付けることの重要性を説くとともに，そのための有効な指導法について考察したい。

　本稿の流れは次の通りである。2節においては，文献や映像で紹介されている指導例を分析し，「完了のアスペクト性」を理解させる必要性と「形式を正しくアスペクト性に結び付ける」ことの必要性について指摘する。3節においては，三原（1997）等の研究を基に，完了のアスペクト性とその分類について概観する。4節においては，3節での理解を基に，2節で提示した問題の克服に向けた具体的指導について考察する。5節は結論である。

　議論を始める前に断わっておきたいことがある。筆者は言語理論の研究に軸足を置いている。本稿で紹介される授業は模範を意図して作成されたものであり，現役の教師も参照するであろうものである。本稿の目的は現場で行われている指導や指導法改善の努力を否定することではなく，従って，本稿で紹介される指導そのものを否定する意図はない。むしろ本稿は，模範とすべきものの分析を通して学校現場での英文法指導の到達点を炙り出し，そこに言語研究の成果を反映させようとする試みである。1つの授業を論じる時，そこには，生徒の実態や時間的制約，また指導要領からの制約など，考慮しなければならない点が数多くある。本稿においてそれらを全て斟酌している余裕はないし，筆者はそれを行う適任でもない。本稿はある意味，授業という枠を越えて純粋に，「完了相」という概念を定着させようとする試みと言ってもよいだろう。なお，次節以降の議論においては，現在完了の指導に焦点を絞って議論する。

2. 指導の現状

　本節においては，議論の出発点として2つのタイプの指導例を概観する。1つはオーラル・コミュニケーションを志向する授業の中で文法を導入しようとする（現代的な？）指導法であり，もう一方は文法の定着に的を絞った（旧来型の？）指導法である。

　過去20年程の間に，文法に対する英語教育のスタンスは大きく変わった。2

つのタイプの指導法の違いは，一面，その変化を反映するものとも言えるが，それに対する評価はさておき，本節では，両タイプの模範的授業の観察を通して，学校教育の指導で「have＋過去分詞」の形式をアスペクト性にどこまで結び付けられているか見定めたい。

2.1. オーラル・コミュニケーションを志向した文法指導

本節で概観する授業は (2) として公刊 (DVD) されたものである。

(2) a. 大田洋（監修・解説）(2011)『Teaching Grammar Vol. 2～コミュニカティブな授業でできる文法指導パート2～③「現在完了／関係代名詞」』，ジャパンライム社
b. 大田洋（監修・解説）(2009)『Teaching Grammar～コミュニカティブな授業でできる文法指導～ ④「受動態／現在完了（経験）／関係代名詞（目的格that）」』，ジャパンライム社

(2a) は現在完了全般の導入を意図したものであり，(2b) はいわゆる「経験用法」の定着に焦点を絞ったものである。まず (2a) から議論したい。(2a) の大まかな流れは (3) に示す通りである。(3) はDVDのパッケージに掲載されているものである。

(3) a. 現在完了の導入：「バスに間に合うかな」
b. 練習1：リスニング「適切な場面を選ぼう」
c. 練習2：「現在完了が使われている場面を選ぼう」
d. 練習3：リスニング「聞いて内容を表す絵を選ぶ」

まず，現在完了が使われている場面（「バスに間に合うかな」）を動画で紹介しつつ，現在完了が実際に使用されやすい場面について説明し，それが「状況を今持っている」ことを表す現在完了形の使用に相応しいことを強調している。その後，説明に合致する場面を選ばせる練習問題を行い，指導内容の定着を図っている。導入段階（指導者の発言に今回の授業が現在完了の第一番目の授業ではないことを思わせる発言があるが，内容的に，現在完了の概念の導入に間違いなく。(3a) に記載されている通りである。また，(3a) の上部には「一

度目の出会い」という記述がある。）において現在完了の機能への言及は2回行われており，その内容は（4）の通りである。（文体を常体にするなど，内容に過不足が生じない範囲で適宜修正している。）

(4) a.「come（来る），gone（行っちゃった）ということを今持っているということから，今まさに完了したということを表す。」
  b.「ポイントは，come, gone という状態を持っているということ。日本語ではバスが来たといっても，今のことなのかそれともずっと前のことなのか分からない。でも英語ではそこを区別する。"The bus came." と "The bus has come." というふうに区別して，come の状態を今持っているということが今の状態だということが分かる。"The bus has gone." では gone の状態を今まさに持っているということから，今まさにこうなんだという今の気持ちを表すことができる。」

筆者は，現在完了が基本的に現在について述べる表現であることさえ認識していない学生を実に多く見ているので，(4) のように「今を表す」ことを強調することには有難ささえ覚えるし，それを have の「持っている」という解釈に結び付けることも常道と言っていいだろう。（ただし，これも多くの学生の記憶にないことは指摘しておく。）(4) の説明自体のどこかが破綻しているということはない。

それではなぜ，現在完了を苦手とする学生がこれほどまでに多いのか。授業中は分かった気がしていても，授業を離れた途端に過去形との使い分けができなくなるのはなぜなのであろうか。1つの可能性として本稿においては，「現在完了が使われる場面の概念化（アスペクト性の理解）」と「「have＋過去分詞」という形式の機能的概念化（「have＋過去分詞」という形式がアスペクト性を持つことが自然に納得できるような概念化）」が，両者が自然に結び付くまでに完成されていないと指摘したい。

(3) や (4) に示すように，(2a) は現在完了が使われる場面の概念化には努めているし，この授業によってその概念化が成功するはずだという，製作者に当然あるであろう自負を否定しない。授業の終盤では誰もが学校の授業で見た

であろう（過去から現在につながる）時間軸を使って，過去形と完了形の違いも説明している。筆者のような「古いタイプ」の英語教師から見れば，最後に現在完了が使われる場面を言葉で概念化しておいてもいいように思うが，（2a, b）がコミュニカティブな授業を志向していることを踏まえれば，あえてそのようなことをしなかったとも考えられるし，筆者のような考えは現代の潮流にもおそらく合わないのだろう。

　ただ，前節で述べた言語研究者の立場から言えば，現在完了のアスペクト性を「持っている」という一解釈例だけに還元していくだけでは，形式を正しく概念（アスペクト性）に結び付けることはできない。「ている」は，「知っている」のような現在の状態を表す表現にも見られるし，また，（2a）では「持っている」を現在にのみ関連付けているため，現在完了の形式がなぜ過去と結び付くのかが見えにくい。「have＋過去分詞」という形式が時間軸で示した現在完了のアスペクト性と自然に結び付くような，「have＋過去分詞」という形式の機能合成的概念化が望まれるのである。

　ここで，過去との結びつきが強いとされる，現在完了の経験用法の指導（2b）について見てみよう。（2b）の大まかな流れは（5）に示す通りである。（5）は画面上で提示されたものである。

　　(5) a. 現在完了（経験）の導入
　　　　b. 練習1：「自分の経験・未経験」
　　　　c. 練習2：「スピーチの中での活用」

(5a)においては指導者自身の話（ニューヨークに行った経験）を通じて，経験の意味を推測させている。(5b)においては金閣寺などの名所を提示しつつ生徒に訪問した経験があるかどうかを答えさせ，(5c)においては生徒にスピーチをさせた上で，スピーチの内容にからむ質問と応答が現在完了を用いながら展開される（"Have you ever been to Tokyo Disney Sea？" "No, I have never been to Tokyo Disney Sea."）。経験の意味に対する言及は(6)の通りである。（内容に過不足が生じない範囲で適宜修正している。）

(6)「「have + 過去分詞」、現在完了って覚えていますか。過去のある時点で起こったことが何らかの形で現在にも繋がっている、そんな表現がありました。今回も "I have been to New York seven times." だったり、"I have eaten hot dogs three times." だったり、「have + 過去分詞」が使われているね。でもちょっと意味が違うんだね。じゃあ、どんな意味になるということをみんなで確認していきたいと思います。
"I have been to New York seven times."
「私はこれまでニューヨークに行ったことが7回あります。」(生徒が訳を答える)
「ある」っていう意味なの。
"I have seen it three times."
「私はそれを見たことが3回あります。」(生徒が訳を答える)
「ある」ってことなんだね。
(この後、例文と訳に続き「ある」を確認する手順が数回繰り返される)

「have + 過去分詞」の形式が経験を表現する場合にも使われるということは十分強調されている。しかし、特に経験を事実として表す場合には過去形も使われる可能性がある。そのような過去形との相違は、(6)においては、説明されていない。加えて見逃せないのは、(2a)において強調されていた、現在完了が持っている「持っている」という意味との関連は述べられていないことである。理想に過ぎるかもしれないが、「have + 過去分詞」という形式の機能合成的概念化を一層推し進めることによって、(7)が体得できるようにしたい。

(7) 完了・経験・継続……、これらの意味は、現在完了の「過去と現在とを結ぶ」という本質的意味と、そこに用いられている個々の動詞の特性や文脈から、自動的に導かれる結果を、便宜的に分けたものであるに過ぎない。
(安井 (1982：82))

現代の英語教育の潮流に鑑みて、(2a, b) の授業、さらにその延長線上での授業改善自体を否定する訳にはいかないであろう。しかし、過去形との使い分けなどの際の基盤となる、「have + 過去分詞」という形式への理解をさらに深

める余地はあるのではなかろうか（映像に出ていない部分で補足しているという主張もあり得るだろうが。）。ここで注目すべきは，とりわけ10年以上前に，「have＋過去分詞」の機能合成的概念化を意図した指導が試みられていたと思われることである。次節ではそのような試みの例を概観したい。

2.2. 形式のイメージをつかみ取らせる試み

米澤（1987）は前節で述べた懸念を共有していると見ていいだろう。

(8) 現在完了は「have＋過去分詞」と教えられて，なぜhaveが使われるのか，完了，継続，経験，結果などという一見まったく違う概念を表わすのに一つの文型を使うのかと疑問を持ちつつも，「なんでもいいから覚えよう」としている生徒もいると思う。　　　　　（米澤（1987：167））

米澤（1987）は，完了形が（9）の形式から発達してきたという歴史的事実を踏まえ，現在完了を（10b, c）のように分解して見せることを提案している。

(9) have＋名詞句＋過去分詞
(10) a. I have my homework done.
　　 b. I have my homework.
　　 c. The homework was done.　　　　　　　　（米澤（1987：168））

(10)のように提示することにより，「宿題がなされたのは過去であり，「なされた」宿題を今持っているので過去時制と現在時制の両方を含んだものであるという現在完了の本質を理解させることができる」という米澤の主張には一定の支持が得られよう。さらに注目すべきは，(11)の記述である。

(11) 自動詞の場合は，comeやgoの運動やそれに類する概念を示す動詞にはbeが今日のhaveの代わりに用いられていた（OE）のが，MEになってhaveが用いられるようになったということである（現在ではHe is gone. と He has gone. とでは後者の方が過去の動作と現在の状態を結び付けていて，前者の現在の状態のみを言及するのとは区別されているが。）　　　　　　　　　　　　　　　　　　（米澤（1987：168））

重要なのは，"He is gone." で使用されている is と "He has gone." で使用されている has の現代英語における違いに言及していることである。その違いが意味するのは，「is を has に置き換えた段階で現在と過去が結び付く」ということであろう。

残念なことに，米澤（1987）においては "He is gone." で使用されている is と "He has gone." で使用されている has を比較させる指導については言及がない。(10) を用いた指導においても，have は（語彙的意味としては正しいのだが）「今持っている」という現在の意味に関連付けられたままである。本稿で提案したいのは，現在完了において現在と過去を結び付けるという結果を生む，have の機能的意味を理解させることである。

have と be の対比を促すような指導は池田（1987）が紹介している。(12)，は池田（1987：156）が提示した例文である。

(12) a. Mr. Sakurai is in our school now.
    b. He was in our school four years ago, too.
    c. He has been in our school for four years.

(12a) と (12b) の意味を合わせたものが (12c) の意味であると指導することによって，「have＋過去分詞」のアスペクト性を認識することができる。ただし，「have＋過去分詞」という形式の中でどのように機能が合成されているのかは別問題であり，それについては「ある状態を過去から現在まで持っている」という説明に留まる。その中での have は「持っている」という現在の意味にのみ関連付けられている。

「have＋過去分詞」における have を現在にのみ関連付けることを，間違いであると決めつけることは難しいのかもしれない。現在完了について詳細に論じた三原（1997：125）にも次のような記述がある。

(13) 完了相は，have と V-en という 2 つの部分から成り立っており，時制的にも 2 つの部分を分けて考える必要がある。……現在完了相であれば，現在形を取る have の部分が現在を示し，過去分詞の部分が，その現在から見た過去を示す。

しかし，学問的レベルの話はさておき，指導の現場において (13) のようなアイデアに捉われ過ぎる必要はないであろうし，危険を伴う可能性もある。過去分詞を一律に過去に結び付けていたのでは，(14) のような構文を分析的に説明することは極めて難しくなる。

(14) John is interested in music.

米澤（1987：168）も過去分詞については，「形容詞のような役目だとおさえている」という。生徒にとっては，過去分詞は状態を表しているという理解のさせ方が分かりやすいであろう。そしてそれゆえに，「現在と過去の結び付き」に関する理解において，have のアスペクト性を考えることが重要になってくるのである。

次節においては，三原（1997）を基に，現在完了における have の意味について概観した上で，現在完了のアスペクト性を，本動詞としての have のアスペクト性に関係づける必要性（少なくともそう指導する方が分かりやすい）について観察する。

3. 現在完了における have の機能的意味

前節において，現在完了のアスペクト性を「have + 過去分詞」という形式から導き出すために，「have + 過去分詞」における have の機能について理解することが重要であることを見た。三原（1997：122）は，この have の機能を本動詞の have との関連で捉えようとしている。

(15) 完了相に現れる have は，伝統文法では助動詞とされ，本動詞 have との関連が云々されることはあまりないように思う。が，本動詞 have との関連が全くないのであれば，なぜ他の動詞ではなく have なのかということに対して，明示的な説明が与えられなければならない。一方，本動詞 have が持つ中核的意味が，完了相 have のいくつかの意味類型を体系的に記述するのに有益であるとすれば，我々はそこに，双方をつなぐ「糸」を見出すことができる。　　　　（三原（1997：122））

前節で見た「状態を持っている」という説明は（15）の精神に適うものであると言えよう。一方で、「状態を持っている」では説明が尽くされないことも指摘してきた。本節で三原（1997：122）の分析を概観するのは、「状態を持っている」という説明自体が的外れでないことを再確認するためではなく、「状態を持っている」ことが完了、結果、経験、継続、といった機能的意味を生む前提として、have（あるいは「持っている」）自身のアスペクト性があることを確認するためである。

　三原（1997：128ff.）は、現在完了の類型を、自ら本動詞 have の中核的意味と定義する「非意図的所有」から導いている。意図性は本論と直接関連しないので、本節では「所有」との関連から、各類型との関連を確認したい。

　継続の完了相は、現在まで継続する期間を示す副詞句を伴い、過去のある時点に現れた状態がその後も引き続き存在し、発話時現在においても依然として存在することを表す。

(16) a. I have lived here since I was born.
　　　b. This house has been empty for years.　　　（三原（1997：130））

(16a) は、「ここに住む」という状態（live は状態動詞）が、発話時現在も成立していることを表している。三原（1997：130）はこの類型を「状態所有」と呼んでいる。

　結果の完了相は、過去の時点において生じた主語の状態変化（(17a) では病気からの回復）や、位置変化（(17b) では他の場所から扉のところへの移動）の結果状態が、発話時現在も存続していることを表す。

(17) a. I have recovered from my illness.
　　　b. She has moved over to the front door.　　　（三原（1997：130））

(17a) では「私は今は病気ではない」こと、(17b) では「彼女は今も扉のところにいる」ことが示されている。三原（1997：130）はこの類型を「結果所有」と呼んでいる。

　完了の完了相は、過去分詞が表す事態の効力が過程（process）的に存続することを意味する。

(18) a. I have already done the homework.
　　b. John has scolded his son.　　　　　（三原（1997：131））

(18a) であれば，宿題を済ませたという事態が，遊びに行ける / お母さんに叱られずにすむ / 明日の授業も安心だ，といった様々な状況と結びついてゆく。そしてこれらの状況が，1つだけではなく，いくつか複合して現れることも十分にあり得る。三原（1997：131）はこの類型を「過程所有」と呼んでいる。

　経験の完了相は，過去の事態が，ある種の効力を伴って発話時と関連していることを意味する。

(19) a. He has once visited Boston.
　　b. All my family have had measles.　　（三原（1997：131-132））

(19a, b) は，これらの文で記述されている事態が何らかの意味で発話時現在と関連している，という文脈において最も適合する。三原（1997：131）はこの類型を「効力所有」と呼ぶ。

　三原（1997）は現在完了の4つの類型を，「状態」，「結果」，「過程」，「効力」の「（非意図的）所有」と捉えられることを通して，現在完了の機能的意味の合成にhaveの機能的意味が関与していることを示している。その一方で，(13) でも見たように，三原（1997）が提案したhaveの機能は「発話時関連性」にとどまる。(20) は三原（1997：125）が「have + 過去分詞」の機能を図式化したものである。

(20)　　　　　　　　　… [have [V-en …
　　　発話時関連性 ◀━━━┛　　┗━━▶ 過去の事態

haveが発話時，つまり現在との関連だけを意味しているのであれば，have自体は時間的幅を持たないことになる。しかしそれでは，現在完了が全体として有している時間的幅とhaveは直接的関連を持たないことになるが，それでよいのであろうか。

　haveを現在だけに関連付ける一方で。過去分詞を「状態」と定義したのでは，「have + 過去分詞」全体が時間的幅を持つことに説明が与えられない。

従って，(20) に示したように過去分詞を過去に関連付ける他ないのだが，先に示した (14) のような例における過去分詞の機能的意味の説明に窮してしまう。

ここで問い直したいのは，「本当に have に時間的幅はないのか」ということである。確かに，語彙的意味のレベルでは「時間的幅はない」という答えになるのかもしれない。一般に，have は状態動詞に分類される。

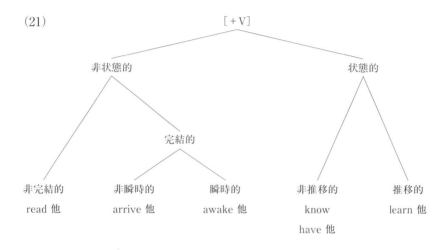

(荒木他 (1977：234))

荒木他 (1977：228) によれば，状態的であっても推移的であれば，(22) に示すように，進行形で用いることができるが，非推移的な状態動詞が進行形で用いられることはないという。

(22) John was learning that he had passed.　　(荒木他 (1977：228))

have は非推移的動詞に分類され，進行形で用いられることは一般的にない。しかし，それは，have が現在の状態を表していることを示唆するものであって，少なくとも語用論的に，過去のある時点からの時間的幅を持つ可能性を否定するものではなかろう。インターネット上では (23) のような表現が頻繁に現れる。

(23) I have a cold since last Sunday.

"I have a cold." の聞き手は，話者が現在風邪をひいていることを第一義として受け取るが，しかし同時に，話者が "I have a cold." を発した時点で風邪をひいたと考えることもないであろう。おそらく，話者は "I have a cold." を発する以前から風邪をひいていたのであり，そのような含意が "since last Sunday" のような時間を表す副詞句との共起を可能にしているのである。つまり，"I have a cold." は「風邪をひいている」と同じ程度に「風邪をひいた」と述べているのであり，そこから時間的幅が生まれているのである。cold に時間的幅があるわけではないので，この時間的幅は（語用論的に）have にあると考える他ない。

上記に照らして興味深いのは，実用英文法のテキストとして広く普及している Murphy (2009：32) に見られる次の記述である。

(24) **Have** and **have got** (for possession, relationships, illness, etc.)
You can use **have got** or **have** (without **got**). There is no difference in meaning：
・They **have** a new car.　*or*　They've **got** a new car.
・Nancy **has** two sisters.　*or*　Nancy **has got** two sisters.
・I **have** a headache.　*or*　I've **got** a headache.

have と have got が同じ意味である，つまり，have が got も含意する可能性を (24) は明示している。have の時間的指示に幅があることは母語話者にも明確に認識されている。

本節においては，三原 (1997) を元に，現在完了の各類型に have の「所有」の意味が関与していることを概観し，その上で，have を現在だけに結びつける必要はなく，「have + 過去分詞」の形式が持つ時間的幅を本動詞としての have が語用論的に持ち得る時間的幅に還元できる可能性を示した。「have + 過去分詞」の機能的意味は，過去分詞が表す「状態」という機能的意味に，「過去から現在までの所有」という機能的意味が合成されたものと捉えさせることになる。

上記を踏まえ次節では,「have ＋ 過去分詞」の形式を,時間的幅を持っているというアスペクト性に結びつける方策について考察する。

4.「have ＋ 過去分詞」の機能合成的概念化を目指して

本節においては,「have ＋ 過去分詞」という形式を現在完了のアスペクト性に自然に結びつけるために,形式の中での have の役割を認識させる提示について簡単に述べたい。ただし,別に奇抜な提案をするつもりはない。要は「わかりやすい比較対象を筋が通るように提示する」だけである。

「have ＋ 過去分詞」の過去分詞は,「状態」程度の説明に抑えておくのであるから,have が単純に過去でもなければ現在だけでもないこと,逆に言えば,(語用論的に) 現在と過去の両方を機能的意味として持ちうることを認識させる必要がある。

現在の意味については,2節で概観した説明でも事足りよう。現在との関連が連想しにくいと思われる経験についてはまさに「経験」という名詞句を使った表現と比較して見せたい。

(25) a. I have 5 years teaching experience.
　　 b. I have taught English for five years.
　　 c. I have taught English in three countries.

(25a) において5年間の指導経験が完全に過去のものであってもかまわないことを確認させたい。その上で,「過去の経験を持っている」という (25a) における have の機能的意味が (25b, c) のような表現の解釈 (「5年間英語を教えた経験があります。」,「3カ国で英語を教えた経験があります。」) に反映されていることを説明したい。((25b) は必ずしも経験の解釈だけを持つものではない。そのことも併せて指摘したい。下記参照)

have が語用論的に過去を含意し得ることは (23) を例に説明した。(23) のような例と (26b, c) のような例を比較させたい。

(26) a. I have a cold since last Sunday.(＝(23))

    b. I am sick in bed.
    c. I have been sick in bed.

(26a) と (26c) の比較を通して，「have + 過去分詞」における have が時間的幅を持っていることを認識させるのだが，その際，(26b) との比較も使いたい。be動詞が現在しか意味しないので，時間的幅を持たせるためには，(26c) のように，have の挿入が必要になってくるのである。その上で，(14) のような例との比較も有効であろうと思われる

(27) a. I am interested in music. (＝(14))
    b. I have finished my homework.

同じく過去分詞を従えながら，be動詞は時間的幅を生まず，have は時間的幅を生むことが理解されよう。

　4つの類型については安井 (1982) の指摘 (7) を踏まえながら，三原 (1997) の説明を援用しつつ説明したい。個別の例文を特定の用法に画一的に結び付けるのではなく，文脈に応じて柔軟な解釈ができるようにするのが目標である。例えば，(25b) は必ずしも経験の解釈だけを持つものではない (例：「私は5年前から英語を教えています。」)。経験以外の意味を持ち得る文脈についても説明する必要がある。

(28) I have taught English for five years. (＝(25b))

上記と同様の考え方は，過去形との使い分けについても当てはまる。過去形と現在完了形の両方を使える文脈を用意し，過去形を使った場合と現在完了形を使った場合でどのようなニュアンスの違いが生まれるのかを観察させたい。

　現在完了の「教えにくさ」の理由として，「日本語が過去形と現在完了形を区別しないから」といった指摘がある。また，どう曲解したのかわからないが，「日本語には完了を表す表現がない」という学生もいる。(日本人にも「完了」の概念はあるのであるからそれを言葉として表し得ないことなどない。) これらの背景には，日本語の「た」が過去形であると画一的に理解している傾向が強いことがあると思われる。しかし現実には，「た」の原義はむしろ完了

ではないかという見方もある。

(29) a. 帰ったら風呂に入りなさい。
     b. 歯を磨いたら寝なさい。

(29a, b) において用いられている「た」は明らかに過去ではない。「た」が過去を意味するのは，基準時における完了を意味するからであると見ることもできる。(30a) のような例で「た」が過去を意味するのは「昨日」という副詞によって基準時が提示されているからであり，(30b) のような例で「た」が過去を意味し得るのは，副詞などによって基準時が示されないデフォルトの状態では発話時が基準時となるため，発話時における完了が含意として過去を意味するからであると見ることもできよう。((30b) においても一番自然な解釈は現在完了であると思われる。通常，(30b) の聞き手は，話者の歯が現在きれいであると考えるはずである。)

(30) a. 昨日歯を磨いた。
     b. 歯を磨いた。

筆者は「た」を一義的に過去に結び付ける傾向が，完了形を「〜（し）た」と訳させることを嫌わせ，完了形にあえて不自然な訳を付けさせた結果，完了形の理解が妨げられている側面があると考えている。「た」を完了の訳から排除すべきではない。過去形を使える文脈で現在完了形も使える場合があるということは，両形式に「た」を使うことができる日本語のシステムにもそれなりの合理性があるということである。要は日本語の「た」の機能的意味を正しく理解させればよいのであり，これを躊躇うべきではない。次のような例文を使ってみてもよいだろう。

(31) 春が来た。（現在完了：現在春である場合，過去：春が過ぎている場合）

日本語の「た」が，少なくとも完了の意味を十分に持ち得ることを指摘することによって，現在完了を身近に感じ，苦手意識の軽減も期待できると思われる。経験談をすることはなるべく差し控えたいが，(29)-(31) のような例文

を通じ「た」の用法を改めて確認した学生が英語の現在完了の「アスペクト性」をようやく掴めてきたという例は何度も見てきた。完了と過去の両方に「た」を用いることをあたかも日本語の機能不全のごとく解している学生が多いことには警鐘を鳴らしておきたい。

5. まとめ

　本稿においては，現在完了の指導法について先行研究を分析した上で，改善すべき点についての提案を行った。オーラル・コミュニケーションを志向した授業においても，文法に特化した授業においても，「have + 過去分詞」という形式から現在完了のアスペクト性を認識させるには十分でない点があり，とりわけ，have そのものが少なくとも語用論的に時間的幅を表現し得ることについて言及する必要があると主張した。その上で，be 動詞との比較や，日本語の「た」との比較を適切に提示することによって，より精緻な理解が進む可能性を示した。

　最後に，本稿の指摘がいたずらに文法を詳しく教えることだけを標榜するものでないことを指摘しておきたい。文部科学省は 2008 年の中学校指導要領改訂において，文法を次のように位置づけている。

(32)　「聞くこと」，「話すこと」，「読むこと」及び「書くこと」の 4 技能の総合的な指導通して，これらの 4 技能を統合的に活用できるコミュニケーション能力を育成するとともに，その基礎となる文法をコミュニケーションを支えるものとしてとらえ，文法指導を言語活動と一体的に行うよう改善を図る。

　　　　　　　　　　（『中学校学習指導要領解説外国語編・英語編』(2008：5)）

本稿で取り上げた「現在完了のアスペクト性に対する理解が十分でない学生が多い」という現実は，文法がコミュニケーションの支えになっていない一例である。では，どうすれば支えになり得るのか。文部科学省は文法の「運用力」を求めているようである。

(33)「聞くこと，話すこと，読むこと，書くことなどのコミュニケーション能力の基礎を養う」とは，単に外国語の文法規則や語彙などについての知識を身に付けさせるだけではなく，実際のコミュニケーションを目的として外国語を運用することができる能力の基礎を養うことを意味している。

(『中学校学習指導要領解説外国語編・英語編』(2008：10))

では，「運用力」とはいかなるものなのであろうか。本質的理解を置き去りにしてひたすらに「実践練習」をすることでもなかろう。その意味で (33) に続く (34) の記述は興味深い。

(34) なお，改訂前は，こうした趣旨から「実践的コミュニケーション能力」としていたが，コミュニケーション能力はそうした実践性を当然に伴うものであることを踏まえ，今回は単に「コミュニケーション能力」とした。　(『中学校学習指導要領解説外国語編・英語編』(2008：10))

今更ながら，「実践」を教えることに尽力されてきた中高の先生方のご苦労に思いを致さざるを得ない。大事なことは実践のパターンを覚えることではなく，思考のパターンを習得することである。本稿のテーマに沿って言えば，現在完了形と過去形の使い分けを判断する思考回路を身につけることである。正しい回路を持って実践練習が積まれた時にはじめて，運用力が，自在の表現力となって現れるであろう。そして，そのような授業が展開された時，兎角トレーニングだけと誤解されがちな英語の授業が (35) に凝縮された行政的大義にも沿うことが期待されよう。

(35)「ゆとり」か「詰め込み」かではなく，基礎的・基本的な知識・技能の習得と思考力・判断力・表現力等の育成との両方が必要です

(新学習指導要領「生きる力」改訂の基本的な考え方：文部科学省HP)

とはいえ，中高の教育現場に筆者の想像を超える苦労があるであろうことは想像に難くない。むしろ筆者の危惧は，アスペクト性を理解しない教員を生産しているかもしれない現在の教職課程にある。本稿の真の目的は，そのような課

程に身を置く自分自身への戒めである。

注
1. 本稿は，中川（2012）（「現在完了相の指導法に関する一考察：形式の機能合成的概念化を目指して」，『中京英文学』第32号，中京大学英米文化・文学会，1-24）に加筆，修正を加えたものである。

参考文献
荒木一雄・小野経男・中野弘三（1977）『助動詞』，研究社，東京．
池田恵子（1987）「評価・自己表現活動も大切にして：現在完了形の学習」，『新英語教育講座　その理論・実践・技術　第8巻：文法・文型の指導①』，三友社，東京，152-165．
文部科学省（2008）『中学校学習指導要領』，文部科学省．
文部科学省（2008）『中学校学習指導要領解説外国語編・英語編』，文部科学省．
安井稔（1982）『英文法総覧』，開拓社，東京．
米澤清恵（1987）「心ゆさぶるGhandhiの手紙で：現在完了のイメージをつかむ」，『新英語教育講座　その理論・実践・技術　第8巻：文法・文型の指導①』，三友社，東京，166-178．
三原健一（1997）「動詞のアスペクト構造」，中右実（編）『日英語比較選書7：ヴォイスとアスペクト』，研究社，東京，107-186．
Murphy, Raymond (2009) *Grammar in Use Intermediate Student's Book with Answers and CD-ROM : Self-study Reference and Practice for Students of North American English (Third Edition)*, Cambridge University Press, Cambridge.

参考映像

大田洋（監修・解説）(2009)『Teaching Grammar～コミュニカティブな授業でできる文法指導～　④「受動態／現在完了（経験）／関係代名詞（目的格 that）」』，ジャパンライム社，東京．

大田洋（監修・解説）(2011)『Teaching Grammar Vol. 2～コミュニカティブな授業でできる文法指導パート2～　③「現在完了／関係代名詞」』，ジャパンライム社，東京．

アスペクト性を認識させる文法指導[1]

中川　直志

1. はじめに

中川 (2012) において筆者は，現在完了形が表すアスペクト性を have 自体が持つアスペクト性に還元させる指導法について考察した。have は，一般には非推移的状態を表す（荒木他 (1977：234)）と言われるが，少なくとも語用論的に，現在の状況が過去において生じたことを含意することができる。Murphy (2009：32) の次の記述はこれを支持するものと言えよう。

(1) **Have** and **have got** (for possession, relationships, illness, etc.)
　　You can use **have got** or **have** (without **got**). There is no difference in meaning：
　　・They **have** a new car.　or　They'**ve got** a new car.
　　・Nancy **has** two sisters.　or　Nancy **has got** two sisters.
　　・I **have** a headache.　or　I'**ve got** a headache.

have と have got が同じ意味を持ち得る，つまり，have が got も含意する可能性を (1) は明示している。have の時間的指示に幅があることは母語話者にも明確に認識されているといえよう（4 節参照）。過去分詞が (2) に示すように必ずしも過去を意味すると言い切れないことは，「have + 過去分詞」という形式においても過去分詞を一概に過去と決めつけることの指導上の危険性を示唆している。

(2) John is interested in music.

(2) は John が現在において音楽に興味を持っていることしか意味しないので，(2) における過去分詞を過去に関連付けることには無理がある。

上記の議論のもう一つの重要な示唆は，have に限らず動詞の語彙が持つアスペクト性（語彙的アスペクト）について認識させる必要性である。本稿においては，本動詞固有のアスペクト性と文全体のアスペクト性の関係や単純形の基本的アスペクト性を観察することによって，学校教育においてテンスとアスペクトを区別して指導する必要性，動詞個々の語彙的アスペクト性に関心を向けさせる必要性，そして，語彙的アスペクトと文法的アスペクトを区別する必要性について考察する。

　本稿の構成は次の通りである。2節においては，テンスとアスペクト，文法的アスペクトと語彙的アスペクトの区別を確認した上で，これまで必ずしも重視されて来たとは言えない語彙的アスペクトに注意を向ける必要性を示唆する。3節においてはアスペクトを認識させる指導上の工夫について考察する。4節においては，単純形のアスペクト的解釈について陥りやすい誤解について検証し，単純現在形の「習慣」としての解釈を明確に認識させる対比について考察する。5節においては，アスペクトが文構造上どのように位置付けられるか考察し，アスペクトとテンスの関係やアスペクト内部の要素間の関係が構成素統御と呼ばれる関係によって規定され，それにより，意味上の限定関係と語順上の関係が関連付けられる形で予測可能となることを観察する。6節は結論である。

2. テンスとアスペクトを区別する必要性

　田中（2015：16）は，文法指導においてテンスとアスペクトを区別することの重要性を指摘し，その下位分類を次のように図示している。

(3)

テンス	アスペクト			
現在	単純	進行	完了	完了進行
過去	単純	進行	完了	完了進行

その上で，田中（2015）は過去単純形，現在完了形，過去完了形のアスペクト性について詳しく説明しており，そのこと自体は有為である。その一方におい

て，(3) におけるアスペクトの下位分類は原形，進行形，完了形，完了進行形という「文法的アスペクト」におよそ対応していると考えられ，本動詞が本来有している語彙的アスペクト性およびその下位分類には焦点が当てられていない。個々の本動詞が有する語彙的アスペクト性は副詞類との共起などにおいて決定的な役割を果たす。

(4) a. *John walked in an hour.
    b. John walked for an hour.

walk は動作が完了したことを意味しないので，「1時間で（歩き終えた）」を意味する副詞句とは共起できないが，「1時間（歩き続けた）」を意味する副詞句とは共起できる。

　個々の本動詞が持つ語彙的アスペクト性については一定の説得力ある分類が提案されてきている。一例として，西山 (2002) に従い，本動詞のアスペクトの古典的研究である Vendler (1967) の分類について概観しよう。Vendler (1967) は本動詞固有のアスペクト性を (5) に示す4種類に下位分類した。

(5) a. 状態 (state)：継続性があり，終点がなく，静的。
       know the answer, be tall
    b. 動作 (activity)：継続性があり，終点がなく，動的。
       walk, dance
    c. 完成 (accomplishment)：継続性があり，終点があり，動的。
       build a house, draw a circle
    d. 達成 (achievement)：継続性がなく，終点があり，動的。
       reach the summer, notice a sign   （西山 (2002：31)）

分類の基準は次の通りである。

(6) a. 終点の有無
    b. 継続性
    c. 進行形との共起可能性
    d. 意図性

個々の基準がどのように機能するか簡単に観察しよう。(6a) の終点の有無について言えば，状態 ((7a)) と動作 ((7b)) が終点を持たず，完成 ((7c)) と達成 ((7d)) が終点を持つ。

(7) a. *John knew the answer in an hour.
    b. *John walked in an hour.
    c. John built a house in an hour.
    d. John reached a summit in an hour.　　　　（西山 (2002：32)）

「知っている」という状態や，「歩く」という動作そのものに終わりはない（「歩き始める」という意味の場合は終点がある。）ので，「1時間で」という述部動詞に完了の意味を要求する副詞句と walk は共起不可能である。その一方で，「家を建てる」という行為や「頂上に到達する」という行為には終点があるので，行為の完了を要求する動詞との共起に問題はない。((7c) は建築作業を続けるという意味では共起不可能。)

継続性は達成とそれ以外のアスペクトを区別する。

(8) a. John knew the answer for an hour.
    b. John walked for an hour.
    c. John built a house for an hour.
    d. *John reached a summit for an hour.　　　　（西山 (2002：33)）

for an hour は継続性を持つ述語と共起できるので，状態，動作，完成とは共起可能だが，達成とは共起不可能である。((8c) は家を建てる作業を継続したという意味において共起可能である。)

進行形での生起可能性は状態とそれ以外のアスペクトを区別する。

(9) a. *John was knowing the answer.
    b. John was walking.
    c. John was building a house.
    d. John was reaching the summit.　　　　（西山 (2002：35)）

状態では進行形が不可能である ((9a)) のに対して，動作 ((9b))，完成

((9c)),達成((9d))では進行形が可能である

意図性は状態と動作ならびに完成を区別する(西山(2002)は達成について,それが一瞬のため意図性が明確でない場合が多く,本議論から除外している。)

(10) a. ＊Know the answer !
　　 b. 　Walk !
　　 c. 　Build a house !　　　　　　　　　　　　　　(西山(2002：36))

状態では命令形が不可能である((10a))のに対して,動作((10b)),完成((10c))では可能である。

Vendler(1967)の分類には対案も多く提案されている(cf.三原(1997,2004))が,いずれにしても本動詞の語彙的アスペクトに対する体系的説明はある程度可能であろう。ただし,本動詞のアスペクトの下位分類を覚えさせる以上に重要なことは,語彙的アスペクトと文法的アスペクトが別個のものとして認識され,文が表す事象のアスペクトが,語彙的アスペクトと文法的アスペクト,さらには目的語や副詞句との相互作用によって決定されるということを認識させることである。次節においては,この相互作用を簡単に認識させる方策について考察する。

3. アスペクトを認識させるヒント

本節においては,アスペクト性,そして文法的アスペクトと語彙的アスペクトを認識させる一方法について提案したい。まず次のような文を提示する。

(11) ＊John walked in an hour.(＝(4a))

まず,(11)を walked の形態を変えることなく文法的にする方法を考える。一つの答えは(12)である。

(12) John walked *for* an hour.(＝(4b))

ここで walk のアスペクト性(終点がない)について説明してもよいが,これ

だけでは前置詞の語感が掴めていない生徒には理解が難しい。そこで，(13)を別解として用意する。

　(13) John walked to the station in an hour.

(13) は，副詞句（to the station）を加えることによって，(11) が表す事象に終点が加わったことを明示している。文のアスペクト性に影響を及ぼす要素は副詞だけではない。

　(14) a.　John pushed the cart to the town in an hour.
　　　 b.　*John pushed carts to the town in an hour.
　　　 c.　John pushed the/four carts to the town in an hour.

（西山（2002：37））

(14) は目的語の数の限定性がアスペクト性を変化させることを示している。目的語の数が定冠詞や数詞によって限定されれば，文全体が表す事象に終点が現れるが，(14b) のように目的語の数が限定されなければ，事象全体に終点を見出すことはできず，in an hour との共起が非文法性を生じる。(11) と (13) の比較や (14a-c) の比較を通じて，本動詞の語彙的アスペクトの存在だけでなく，文が全体として表す事象のアスペクト性が動詞要素に限らず様々な要素によって規定されることを示したい。

　本動詞に語彙的アスペクト性があることが理解できた上で文法的アスペクトの導入を図ると，それが本動詞の語彙的アスペクトとは独立した装置であることがよく理解できよう。現在完了のアスペクト性のより本質的な理解については中川（2012）に譲るとして，(12) と (15) を対比させるのも，これまでの指導の流れを踏まえれば有為であろう。

　(15) John has walked for an hour.

(12) が過去のある時点で1時間歩いたことを意味するのに対し，(15) は現時点で1時間歩いたことを意味する。(12) が yesterday や last week のような副詞と共起できるのに対し，(15) が today や this morning のような副詞と共起できるのを示すのも理解を助けると思われる。

(16) a. John walked for an hour *yesterday/last week*.
　　b. John has walked for an hour *today/this morning*.

　本節においては，文全体が表わす事象のアスペクト性が，本動詞の語彙的アスペクト，文法的アスペクト，そして副詞などの要素の相互作用によって決定されることを観察しながら，本動詞の語彙的アスペクト性や文法的アスペクト性をそれぞれ独立的に理解する指導法について考察した．とりわけ重要なのは本動詞の語彙的アスペクトをテンスとは区別すべきものとして理解させることである．(12) と (15) のような現在完了形と過去形の対比自体は何ら珍しいことではないが，動詞自身のアスペクト性を明確に認識することによって，その本質的理解が深まることが期待される．

4. 単純形のアスペクト

　これまで，アスペクトには語彙的アスペクトと文法的アスペクトがあり，本動詞の語彙的アスペクトと完了形や副詞句の相互作用によって，文全体のアスペクト性がどのように変化するかを観察した．しかし改めて考えると，単純形（現在形，過去形）も一つの文法装置であることを踏まえれば，動詞の語彙とは別に，単純形という文法装置が有するアスペクト性はないのかという疑問があってもおかしくない．また，学校文法の初期段階で登場する単純形の指導についても再考察の余地があるように思われる．本節においては単純現在形のアスペクト的解釈について観察するとともに，そのあるべき指導方法について考察する．

4.1. 単純現在形の訳とその時間的指示
　単純形のアスペクト的解釈について学習するにあたり，現在形に付される典型的な和訳はその障害となる可能性がある．次の文を例に考えてみよう．

　(17) I play tennis.

(17) の動詞は現在形であり，「私はテニスをします」という訳を刷り込まれる

のだが,「私はテニスをします」いう日本語には一般的に2通りの解釈がある。一つは,「これから実際にテニスをする」という解釈であり, もう一つは「趣味はテニスである」というような解釈である。そして現実には, 話者が発話時にテニスラケットでも持っていない限り後者の解釈が優先される。つまり, 現在形においては, 状態動詞を除き, 一般に「習慣」というアスペクト的解釈が優先されるのである。

　その一方で,「これから実際にテニスをする」の解釈にふさわしい英文はどのようになるのであろうか。筆者が学生を相手に試したところ, 大半が事実上未来を表すと考え, 次のように答える。

(18) I will play tennis.

この答え自体は間違っていない。Murphy (2009 : 40) が示すように,「これから実際にテニスをする」の解釈において少なくとも現在形はふさわしくない。

(19) We use **I'll** (= **I will**) when we decide to do something at the time of speaking.
　　・Oh, I left the door open. **I'll go** and shut it.
　　・"What would you like to drink?" "**I'll have** some orange juice, please."
　　・"Did you call Julie?" "Oh no, I forgot. **I'll call** her now."
　　You cannot use the *simple present* (I do/I go, etc.) in these sentences :
　　・**I'll go** and shut the door. (*not* I go and shut)

しかし,(19)に示された will の用法は意思未来である。「これから実際にテニスをする」にも2通りの解釈がり, 意思と同様に一般的な解釈として「午後からテニスをすることになっている」というような予定の解釈がある。(20)が示すように, そのような場合に will は必ずしもふさわしくない。will が用いられる一般的な環境は (21) の通りである。

(20) Do *not* use **will** to talk about what you have already decided or arranged to do.

・**I'm going** on vacation next Saturday. (*not* I'll go)
・**Are** you **working** tomorrow? (*not* Will you work)
(Murphy (2009：40))

(21) We often use **will** in these situations
Offering to do something
・That bag looks heavy. **I'll help** you with it. (not I help)
Agreeing to do something
・A：Can you give Tim this book?
B：Sure, **I'll give** it to him when I see him this afternoon.
Promising to do something
・Thanks for lending me the money. **I'll pay** you back on Friday.
・I **won't tell** anyone what happened. I promise.
Asking somebody to do something (**Will you...？**)
・**Will you** please **be** quiet? I'm trying to concentrate.
・**Will you shut** the door, please? (Murphy (2009：40))

予定の解釈ではむしろ，be going to や be -ing の形式の方が優先される。

(22) We do not use *will* to say what somebody has already arranged or decided to do in the future
・Ann **is working** next week. (*not* Ann will work)
・**Are** you **going to watch** television tonight? (*not* Will you watch)
(Murphy (2009：42))

be going to と be -ing の間にも微妙な違いがある。

(23) **I am doing** and **I am going to do**
We use **I am doing** (*present continuous*) when we say what we have *arranged* to do–for example arranged to meet somebody, arranged to go somewhere：
・What time **are** you **meeting** Amanda tonight?

・I'm leaving tomorrow. I already have my plane ticket.

I am going to do something = I've decided to do it (but perhaps not arranged to do it):

・"The windows are dirty." "Yes, I know. I'm going to wash them later."

（= I've decided to wash them, but I haven't *arranged* to wash them）

・I've decided not to stay here any longer. Tomorrow I'm going to look for another place to live.

Often the difference is very small and either form is possible.

（Murphy（2009：38））

　述部が指示する行為を行うことが決まっていれば，be going to が，さらに，それを行うための手配が行われていれば be -ing が好まれる。(be -ing は学校文法の参考書等では「近未来」といった説明がなされているが，「近未来」がどこまでを指すのか不明であることを踏まえれば，Murphy（2009）の説明が，少なくとも補助的に，教育現場に還元されることが期待される。)

　「習慣」に対してどのような和訳をつけるかが難しいという問題はあるが，「私はテニスをします」という訳をつけるにしても，それが習慣よりもむしろ未来を想起させることに注意は必要である。単純現在形が習慣を表すという説明は学校文法書にも散見されるのだが，その訳が「〜する」である限り，訳だけで単純現在形の習慣的解釈を理解することは容易でない。

4. 2. 対比を通じた「習慣」アスペクトの明確化

　「習慣」を過不足なく簡明に表す和訳が難しいとすれば，対比によって「習慣」の意味するところを浮き彫りにすることが次善の策の一つとなろう。この点においては，Murphy（2009）が示唆的である。本節においては，Murphy（2009）の解説を概観しながら，「習慣」の解釈を本質的に理解する対比について考察する。

4.2.1. 過去形との対比

　現在形との対比で直感的にまず浮かぶのは過去形であろう。しかし，現在形を「～する」という訳に一概に結び付けることが危険であるように，現在形と過去形を文字通りに単純に対比させるのも，（形態としてはやむを得ないものの）解釈の観点からは危険がある。過去形は現在形と違い，過去の習慣ではなく，過去の事実を表すのが一般的である。

　(24) I played tennis (yesterday).

(24) は「昨日テニスをした」という一事実を述べている。Murphy (2009：34) は used to が現在形と対比されるべきであることを明示的に述べている。

　(25) Something **used** to happen = it happened regularly in the past but no longer happens：
　　　・I **used to play** tennis a lot, but I don't play very often now. (Murphy (2009：34))
　(26) "**I used to do something**" is past. There is no present form. You cannot say "I use to do." To talk about the present, use the simple present (**I do**). Compare：

Past	he used to play	we used to live	there used to be
Present	he plays	we live	there is

　　　・We **used to live** in a small town, but now we live in Chicago.
　　　・There **used to be** four movie theaters in town. Now there is only one.　　　　　　　　　　　　　　　　　　　(Murphy (2009：34))

動詞の屈折変化を覚えることは不可欠であり，その中で，現在形と過去形を対比させることも必要である。「～する」という訳を刷り込むことも学習の初期段階としてはやむを得ないであろう。しかし，単純現在形と単純過去形がアスペクト的に一概対比できないことをいつまでも指導しないでいいはずはない。むしろ，このようなアスペクト的相違を説明するにあたって，(26) に示したような used to との対比が本質的理解に繋がると思われる。

4.2.2. 進行形との対比：「現在」と「今」

　現在形が表す現在は状態動詞を除き一般に「習慣」である。しかし，「現在」とは何かと問われた学生の多くが直感的には「今」と答える。もっとも，「今」が必ずしも「習慣」を表す訳ではないことも分かっているので，「現在（習慣）」と「今」を比較することが重要になる。「現在」と対比すべき「今」を表すのは何か。言うまでもなく現在進行形である。Murphy (2009) の "Present and Past" と題した Unit 1 から Unit 6 構成はこのようなアイデアを具現しているといえる。

(27) Present and Past
　　1. Present Continuous (I am doing)
　　2. Simple Present (I do)
　　3. Present Continuous and Simple Present 1 (I am doing and I do)
　　4. Present Continuous and Simple Present 2 (I am doing and I do)
　　5. Simple Past (I did)
　　6. Past Continuous (I was doing)　　　　　　(Murphy (2009：iii))

　日本の学習文法書であれば，単純形と進行形はそれぞれ別の章にまとめられるであろう。(25) の構成は，現在形と過去形を対比させるのではなく，同一テンスの中でアスペクト性を対比させることを主眼としている。先にも述べたように，学生の多くが，「現在形」が「今」を描写していると直感的に考えるが，「今」を厳密に表しているのは現在進行形である。これに改めて気付いた時，現在形が表す現在とは何なのか，改めて考えるきっかけが生まれるはずである。そして，現在形と進行形を比較することが，（少なくとも形態的相違について学修できた段階において）アスペクトの理解においては本質的であることに気付くであろう。((28)，(29) において「¦」は筆者による省略を示す。)

(28) *Present continuous* (I am doing)
　　We use the continuous for things happening at or around the time of speaking.
　　The action is not complete.

$$\boxed{\text{I am doing}}$$

past   *now*   *future*

・The water is boiling. Can you turn it off?

We use the present continuous for *temporary* situations:

・I'm living with some friends until I find a place of my own. (Murphy (2009:6))

(29) *Simple present* (**I do**)

We use the simple for things in general or things that happen repeatedly.

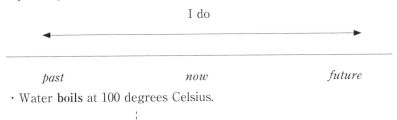

・Water **boils** at 100 degrees Celsius.

We use the simple present for *permanent* situations:

・My parents live in Vancouver. They have lived there all their lives. (Murphy (2009:6))

(28), (29) が示すように，進行形と比較することによって，現在形が習慣を表すことがより明確に認識できる。(29) において，現在形の時間的指示が過去にも伸びていることにも注目したい。1節で述べたように現在完了の have が過去も含意できることは (29) の図からも支持される。現在形のアスペクト的解釈を定着させることによって，現在完了形のアスペクト性への認識も深まることが期待できる。

　本節においては，単純現在形の文法的アスペクトともいうべき「習慣」の意味を，現在形に対して学生が陥りやすい誤解を排しつつ，どのように指導すべきか考察した。「習慣」の解釈を訳を通して浸透させることが困難であるとし

たら,対比を通じて丁寧に説明することが必要であろう。その点で Murphy (2009) は,用いている対比そのものも,(27) に示したような展開にしても示唆に富んでいる。その示唆の根本は形態の体系と意味の体系を分けてそれぞれ独立的に考察している点にある。形態の体系と意味の体系をそれぞれ正確に理解した上で,それぞれの体系の対応関係を考える。それこそ真に,時制全体の体系的理解を進めるものと言えよう。

5. アスペクトの合成と統語構造

本稿においては,語彙的アスペクトと文法的アスペクトが合成されて文全体のアスペクト性が決定されること観察してきた。本稿を終える前に,アスペクトの合成と統語構造の関係について概観したい。

生成文法においては,命題内容を表す動詞句(Verb Phrase (VP))と文法機能に相当する範疇(機能範疇)を別個に設定し,それらが階層構造を成すと考えている((28) において NP は名詞句(Noun Phrase),VP は動詞句(Verb Phrase)を表す。)。

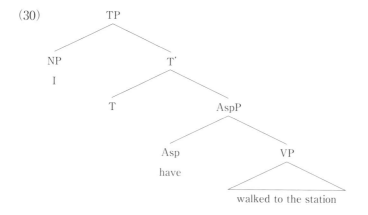

AspP は完了形や進行形などの文法的アスペクトを表す助動詞を主要部(Asp)とする範疇であり,TP は時制要素(助動詞や「現在」,「過去」を表す屈折語尾)を主要部(T)とする範疇である。(30) の構造は本動詞の解釈を機能範

疇が表す機能的解釈が限定する構造になっており，本稿で観察してきた語彙的アスペクトに文法的アスペクトが合成される仕組みをそのまま表現しているといえる。さらに，各主要部に具現した顕在的要素を垂直に下方に移動し，線形的に並べれば，語順も予測可能である。もちろん，(30) のような構造を教育現場で使用する必要はないが，指導者として，語彙的アスペクト，文法的アスペクト，テンスの機能上の役割分担と，統語構造や語順の関係を体系的に理解するために活用したい。このような構造の有効性は AspP の内部構造を詳しく考えた場合も同様である。Murphy (2009：20) の次の説明について考えてみよう。

(31) **It has been raining.**
 Study this example situation：
  Is it raining ?
  No, but the ground is wet.
  It **has been raining.**
 Have/has been -ing is the present perfect continuous：
(32) We use the present perfect continuous for an activity that has recently stopped or just stopped. There is a connection with *now*：

現在進行形が今まさに起こっている事象を描写する ((28) も参照) のに対し，現在完了進行形においては，それが表す事象が現在との関わりを持っていることこそ示唆するものの，今まさに起こっている必要はない。つまり，完了の have は進行形の解釈を限定するのだが，この意味上の関係と語順上の関係は (30) の AspP を細分化した (33) によって捉えることができる。

(33)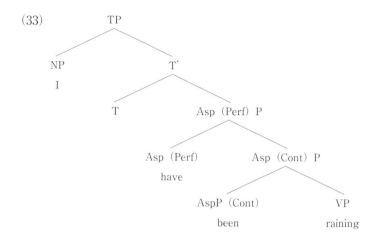

(33)においては完了形の have が進行形の been より構造上上位にあって，構成素統御と呼ばれれる関係を形成している。

(34) 構成素統御
　　　A を支配する最初の枝分かれ節点が，B も支配する時，A は B を構成素統御する。

完了形の have(Asp(perf)) を支配する最初の枝分かれ節点(Asp(Perf)P)が進行形の be(Asp(Cont)) を支配しているので，have は be を構成素統御している。構成素統御は副詞などの意味の作用域や代名詞の指示などにも利用される概念であり，構成素統御する要素がされる要素を意味的に限定するとされている。そして，構成素統御する要素はされる要素より必ず先行する（右方向に階層が積み上がる場合は逆）ことになるので，意味の限定関係と語順関係の橋渡し役を果たすことになる。(32)の構造並びに構成素統御という概念によって，完了形の have が進行形の意味を限定し，また語順上 have が be に先行するということが正しく予測される。

　(30)や(33)の構造は，アスペクトがテンスと同様に，文構造上独立した地位と内部体系を有していることを明示している。このような理解の下で，形態の暗記に留まらないアスペクトの本質的理解深める指導を推し進めたい。

6. おわりに

　本稿においては，教育現場において本動詞の語彙的アスペクト性を認識させる必要性，語彙的アスペクトとテンスや文法的アスペクトの関係を体系的に認識させる必要性を示唆し，さらに，それらを指導する方策について考察した。その難易度を推し量ると，本稿で扱った内容は中学校での指導には難しいと思われるが，高校生の知的興味として（理系でさらに複雑な体系を学んでいることを踏まえれば）必ずしも難しいレベルではなかろうし，「難しい」という理由だけで排除すべき話でもないと思われる。英作文に際して現在完了形や進行形などのアスペクト表現の使用に自信を持てない学生は少なくない。屈折変化や文法的アスペクトの形態的特徴が身についた段階で，アスペクト性をある程度体系的に学ばせることは有為であり，何よりまず教師として理解を深めておく必要があると思われる。

　注
　1. 本稿は，中川（2016）（「アスペクト性を認識させる文法指導」，『中京英文学』第36号，中京大学英米文化・文学会，1-22）に加筆，修正を加えたものである。

参考文献

荒木一雄・小野経男・中野弘三（1977）『助動詞』，研究社，東京．
田中茂範（2015）「「過去形」と「現在完了形」と「過去完了形」の違いが分かる」，『英語教育』第64巻第7号（10月号），大修館書店，東京，16-18．
西山佑雄（2002）「アスペクト」，中村捷・金子義明（編）『英語の主要構文』，研究社，東京，31-40．
三原健一（1997）「動詞のアスペクト構造」，中右実（編）『日英語比較選書7：ヴォイスとアスペクト』，研究社，東京，107-186．

三原健一（2004）『アスペクト解釈と統語現象』, 松柏社, 東京.
Murphy, Raymond (2009) *Grammar in Use : Intermediate*, Cambridge University Press, Cambridge.
Vendler, Zeno (1967) *Linguistics in Philosophy*, Cornell University Press.

新学習指導要領を踏まえた教材研究と指導案
―文構造の理解をコミュニケーションに活かすために[1]―

中川　直志

1. はじめに

　本稿においては，従属接続詞の指導を例に，新学習指導要領時代の英文法指導について考察する。2009年に改訂された高等学校学習指導要領（以下，新指導要領。新指導要領は2013年度から実施される。）において，文法は「コミュニケーションを支えるもの」として明確に位置付けられた。文法に対するこのような位置づけ自体が否定される必要はないが，これが過去20年以上にも及ぶ，「文法軽視」ともしばしば受け取られる，英語教育の潮流を受けたものであることには留意が必要である。というのも，（大学を含めた）英語教育現場はこの潮流による多大な影響をすでに被ってきているからである。従属接続詞はこのような影響を示す格好の例の一つと言えよう。「接続詞」という用語が英語の指導要領から消えて久しい。

　その一方で，新指導要領においては，接続詞という用語そのものは見られないものの，文と文の間の「つながりを示す」語への言及が見られる。本稿においては，これが意味することと，「コミュニケーションを支えるもの」としての従属接続詞の指導法を考察することによって，指導要領を含めた現代の英語教育が抱える問題点と，それに対して「現代的言語学」が寄与できる可能性を明らかにしたい。具体的には，「従属接続詞」の「従属」という概念よりも，節（clause）を別な節の要素に組み込む「埋め込み」という概念の方が，また，「従属接続詞」という概念よりも，埋め込まれる節を導入する要素としての「補文標識」という概念の方が，理解させやすいだけでなく，従来の従属接続詞に代わる包括的概念としてもふさわしいことを示す。

　本稿の構成は次の通りである。2節においては，新指導要領における文法の位置づけを概観し，そのリーディング教育に対する影響について検証する。3

節においては，新指導要領における文法の位置づけの変遷を示す具体例として接続詞を取り上げ，新指導要領の接続詞に対する考え方がリーディングの授業に及ぼす影響について考察する。4節においては，従属接続詞に代わる概念として「補文標識」を導入するとともに，その概念がスラッシュ・リーディングを活用したリーディングの授業で有効に機能することを示す。5節においては，「補文標識」ならびにそれが構造上で占める位置（Comp）が単なる記述上の用語ではなく，文構造において重要な役割を果たしていることを示し，その結論として，補文標識が従属接続詞に代わるより大きな包括的概念として機能し得ることを示す。6節は結論である。

なお，本稿においては，従属接続詞という概念が現実的に高等学校において指導されていることを踏まえ，高等学校学習指導要領を中心に議論する。

2. 新高等学校学習指導要領における文法の位置づけと速読の奨励

2.1. 新指導要領における文法の位置づけ

新指導要領「第3款 英語に関する各科目に共通する内容等」において，文法は次のように位置づけられている。

(1) a. 文法については，コミュニケーションを支えるものであることを踏まえ，言語活動と効果的に関連付けて指導すること。
b. コミュニケーションを行うために必要となる語句や文構造，文法事項などの取扱いについては，用語や用法の区別などの指導が中心とならないよう配慮し，実際に活用できるよう指導すること。

(1a, b) に対応する，『高等学校学習指導要領解説 外国語編・英語編』（p.43）における解説はそれぞれ（2a, b）の通りである。

(2) a. 中央教育審議会においては「中学校・高等学校を通じて，コミュニケーションの中で基本的な語彙や文構造を活用する力が十分身に付いていない」ことが課題として指摘されている。

　　　　　文法は基盤として必要であるが，文法をコミュニケーションと切り離して考えたり，この二つを対立的な事項としてとらえたりしないことが大切である。実際の指導においては，文法の用語や用法等に関する説明は必要最小限としつつ，当該文法を実際に用いて言語活動を行うことについて慣れ親しむことができるよう，当該文法を用いた多様な文を聞いたり読んだりする活動を行ったり，話したり書いたりする活動の中で，新しい文法事項を積極的に用いることを奨励したりして，文法をコミュニケーションに活用することができるようにするための授業を行うことが重要である。
　b.　この項目は，「コミュニケーションを行うために必要となる」程度が特に高い言語材料について，詳細な説明は必要最小限にとどめ，語句や文構造，文法事項などを，表現しようとしている意味や使い方として理解し，適切に活用することができるよう，多様な活動に取り組む中で定着を図ることの重要性について示すものである。

コミュニケーションを支えるものとしての文法の位置づけが明確になり，文法は文法の習得を第一義としない言語活動の中で付随的に教えられるよう指示されている。このような文法の位置づけは，文法事項の具体的な取り挙げられ方にも反映されている。

　(3)　文法事項については言語活動と効果的に関連付けて指導することを明確化するとともに，すべての事項を「コミュニケーション英語Ⅰ」で扱うことを明確化した。
　　　　　　　　(『高等学校学習指導要領解説　外国語編・英語編』，(2009：9))

要するに，「文法を文法として教えない」ということである。しかし，「コミュニケーション英語Ⅰ」の中で全ての文法事項を「扱」っても，定着させ生産的に使用させることができるのか，筆者には確信が持てない。というのも，上記の傾向自体新しいものではなく，すでにその副作用が現れているように思われるからである。

2.2. 新指導要領と速読の奨励

　前節で概観した新指導要領の考え方は，それが公表されるはるか以前から存在し，英語教育の現場に影響を及ぼしてきている。その一例が，リーディングにおける，「精読（文法訳読式読解）」重視から「速読」重視への移行である。近年では，文毎に構造を詳しく解析しながら訳すことを避け，完全に理解できない箇所を読み飛ばしてでも一定量の文章を一気に読み，大意を把握する読み方が奨励されるようになってきた。これに，大学教育における各種検定試験受験の奨励や大学入試の出題傾向の変遷も拍車をかけている。精緻な読みが出来なくとも，4択問題の答えが出せる程度の内容理解が現実に求められているのである。

　当然，TOEICのスコアは高いのに，深く読んだり，訳すことができないと言った学生が散見されるようになってきた。文構造を説明するなど以ての外の観すらある。しかし，このような事態を誰も了とするはずはなく，新指導要領も情報の送受信の「的確さ」が危うくなっている事に対して危機感をにじませているように見える。外国語科の目標を現指導要領（(4)，1999年告示）と新指導要領（(5)）で読み比べてみよう。

(4) 外国語を通じて，言語や文化に対する理解を深め，積極的にコミュニケーションを図ろうとする態度の育成を図り，情報や相手の意向などを理解したり自分の考えなどを表現したりする実践的コミュニケーション能力を養う。　　　　　　　　　　（『高等学校学習指導要領』(1999：119)）

(5) 外国語を通じて，言語や文化に対する理解を深め，積極的にコミュニケーションを図ろうとする態度の育成を図り，情報や考えなどを的確に理解したり適切に伝えたりするコミュニケーション能力を養う。

（『高等学校学習指導要領』(2009：87)）

新指導要領になって，「理解」が「的確に理解」となり，「表現したり」が「適切に伝えたり」となった。「的確さ」や「適切さ」と言った概念が科目全体の目標に盛り込まれたのである。

　ところが，この「的確さ」や「適切さ」といった表現に込められた真意を読み解くのは容易でない。当該部分に対する指導要領解説（pp.6-7）を引用しよ

う。

(6) 外国語科の目標は，コミュニケーション能力を養うことであり，次の三つの柱から成り立っている。
　① 外国語を通じて，言語や文化に対する理解を深めること。
　② 外国語を通じて，積極的にコミュニケーションを図ろうとする態度を育成すること。
　③ 外国語を通じて，情報や考えなどを的確に理解したり適切に伝えたりする能力を養うこと。

　①は，外国語の学習において，その言語の仕組み，使われている言葉の意味や働きなどを理解することや，その言語の背景にある文化に対する理解を深めることが重要であることを述べたものである。また，このような学習を通して，外国語や外国の文化のみならず，日本語や我が国の文化に対する理解が深められ，さらに，言語や文化に対する感性が高められ，ひいては，広い視野や国際感覚，国際協調の精神を備えた人材の育成につながることが期待される。

　②は，外国語の学習や外国語の使用を通して，情報や考えなどを的確に理解したり適切に伝えたりすることに積極的に取り組む態度を育成することを意味している。具体的には，理解できないことがあっても，推測するなどして聞き続けたり読み続けたりしようとする態度や確認したり繰り返しや説明を求めたりする態度，自分の考えなどを積極的に話したり書いたりしようとする態度などを育成することを意味している。このようなコミュニケーションへの積極的な態度は，国際化が進展する中にあって，異なる文化をもつ人々を理解し，自分を表現することを通して，異なる文化をもつ人々と協調して生きていく態度に発展していくものである。したがって，外国語の学習や実際の使用を通してこの目標を達成しようとすることは，極めて重要な意味をもつ。

　③の「情報や考えなどを的確に理解したり適切に伝えたりする」ことができることとは，外国語の音声や文字を使って実際にコミュニケーションを図る能力であり，情報や考えなどを受け手として理解するとと

もに，送り手として伝える双方向のコミュニケーション能力を意味する。「的確に理解」するとは，場面や状況，背景，相手の表情などを踏まえて，話し手や書き手の伝えたいことを把握することを意味している。また，「適切に伝え」るとは，場面や状況，背景，相手の反応などを踏まえて，自分が伝えたいことを伝えることを意味している。

　この③に係る能力は，「コミュニケーション能力」の中核をなすものであり，①に示す言語や文化に対する理解や②に示す積極的な態度と不可分に結び付いている。すなわち，「情報や考えなどを的確に理解したり適切に伝えたりする」ためには，「言語や文化に対する理解」や「積極的にコミュニケーションを図ろうとする態度」を有することが必要であり，また，「言語や文化に対する理解」の深まりや「積極的にコミュニケーションを図ろうとする態度」の向上によって，「情報や考えなどを的確に理解したり適切に伝えたりする」ことが一層効果的に行えるようになるということである。なお，「コミュニケーション能力」は実践性を当然に伴うものであることを踏まえ，改訂前は「実践的コミュニケーション能力」としていたが，今回は単に「コミュニケーション能力」とした。

　この「コミュニケーション能力」を養うには，生徒が実際に情報や考えなどの受け手や送り手となってコミュニケーションを行う活動が重要である。そのような活動を行う際には，言語の使用場面や働きを適切に組み合わせることにより，活動を効果的なものとする必要がある。今回の改訂により，中学校段階においても4技能を総合的に育成することとなっており，高等学校においては，中学校における学習の基礎の上に，「聞くこと」，「話すこと」，「読むこと」及び「書くこと」の4技能を総合的に育成するための統合的な指導を行い，生徒のコミュニケーション能力を更に伸ばすことが大切である。

　的確な理解や適切な伝達に直接的に言及しているのは，「③　外国語を通じて，情報や考えなどを的確に理解したり適切に伝えたりする能力を養うこと。」であり，これに関わる能力が「①に示す言語や文化に対する理解や②に示す積極

的な態度と不可分に結び付いている。」ことは（当然のことながら）認めている。そして，言語や文化に対する理解とは，「言語の仕組み，使われている言葉の意味や働きなどを理解することや，その言語の背景にある文化に対する理解を深めること」であるとして，的確な文法力（本稿の研究対象として考えれば文構造の理解）の必要性を一応認めているように見えなくもない。

しかし，上記の必要性がどれほど重視されているかは疑わしい。「的確」と「適切」に対する直接的言及を改めて抜き出してみよう。

(7) 「的確に理解」するとは，場面や状況，背景，相手の表情などを踏まえて，話し手や書き手の伝えたいことを把握することを意味している。また，「適切に伝え」るとは，場面や状況，背景，相手の反応などを踏まえて，自分が伝えたいことを伝えることを意味している。
（『高等学校学習指導要領解説　外国語編・英語編』（2009：7））

(7) においては，的確に理解し，適切に伝えるための文構造の知識には何ら言及がない。また，(6) 全体を見回しても，「文法」という表現ばかりでなく，その中身への言及さえも無いに等しい。(6) には「的確」に絡む言及がもう一箇所あるが，そこには，文構造の理解に対する否定的態度さえ窺われる。(8) の通りである。

(8) ②は，外国語の学習や外国語の使用を通して，情報や考えなどを的確に理解したり適切に伝えたりすることに積極的に取り組む態度を育成することを意味している。具体的には，理解できないことがあっても，推測するなどして聞き続けたり読み続けたりしようとする態度や確認したり繰り返しや説明を求めたりする態度，自分の考えなどを積極的に話したり書いたりしようとする態度などを育成することを意味している。
（『高等学校学習指導要領解説　外国語編・英語編』（2009：7））

仮に間接的であっても，「的確に理解」することが，「理解できないことがあっても，推測するなどして聞き続けたり読み続けたりしようとする態度」に結び付けられるのはいかがなものか。それならせめて，推測するための物差しぐらいは示すべきであろう。それもないのであれば「推測」ではなく「思いつき」

である。推測するための物差しが文法であるとしたら，その扱い方が単なる「扱い」では機能しないことを先述の学生の有様が示している。

　ハイレベルな英語運用力が求められる外交などの現場で，誤訳によるトラブルが散見されているが，それが単に「ハイレベル」だからなのか，英語の大衆化にのみ目を奪われ続けた英語教育の結果なのか見極める必要がある。真に的確な英語運用力の欠落に起因するトラブルは，企業間取引などを含めるとその潜在的深刻度は推して知るべしである。「英語が使える日本人」と「使えなければならない知識」の区別はできているのだろうか。「英語が使える」という基準をどこに設定するのか，真の国際競争力の維持という視点から考え直す必要がありそうである。

　本節においては，新指導要領における文法全般に対する考え方を分析し，とりわけ文構造を理解させる必要性の認識が希薄化している可能性を指摘した。次節では，このような希薄化の具体例として，接続詞が指導要領においてどのように扱われてきたのか（扱われてこなかったのか），そして新指導要領においてどのように扱われているのか（扱われていないのか）検証する。

3. 新指導要領と接続詞

　的確に理解するために文構造の理解は欠くことができず，その中でも接続詞に対する理解は文脈を理解する鍵となる。つまり，的確な理解と接続に対する理解は不可分と言えるのだが，興味深いことに，少なくとも1989年告示の高等学校学習指導要領（以下，旧指導要領）以降，英語の指導要領から姿を消したかに見える「接続」の概念（ドイツ語やフランス語の指導要領には「接続詞」が見られる。）が，「的確」という概念の「（科目としての）目標」への導入と同時に指導要領に復活した。(9)は新指導要領において「コミュニケーション英語Ⅰ」の内容について記述した部分からの抜粋である。

　(9) 内容の要点を示す語句や文，つながりを示す語句などに注意しながら読んだり書いたりすること。　　　（『高等学校学習指導要領』, 2009：87)

「接続」という用語こそ使っていないものの，「つながりを示す語句」として接

続の理解の必要性を示唆している。偶然かもしれないが，新指導要領で出現した「的確」も現指導要領と旧指導要領の目標には見られない。現指導要領と新指導要領の目標はそれぞれ（4）と（5）に見たので，旧指導要領の目標だけ確認しておこう。

(10) 話し手や書き手の意向などを理解し，自分の考えなどを英語で表現する基礎的な能力を養うとともに，積極的にコミュニケーションを図ろうとする態度を育てる。

『高等学校学習指導要領』（1989：第2章第8節第2款第1-1））

新指導要領において，「的確な理解」と「つながり」が関連づけられ，その重要性に目が向けられたとすれば歓迎したいが，残念ながらその「つながり」は（従属）接続詞までカバーするものではなさそうである。(9)に対する解説を確認しよう。（新指導要領において「つながり」に言及した箇所はもう1箇所（「英語表現Ⅰ」の内容について記述した部分）であるが(9)とほぼ同様であり，解説も(9)に対する解説に準ずるとされている。）

(11) 「内容の要点を示す語句や文」に注意することは，文章の概要を理解したり，要点が明確な文章を書いたりするために必要である。特に，英語の文章では，段落ごとに一つの主題が提示されている場合が多いので，トピック・センテンスに注目することは，その段落の主題を理解するだけでなく，各段落の役割と文章全体の流れを理解することにも役立つ。

「つながりを示す語句」とは，文と文，段落と段落の意味的・文法的なつながりを示す語やフレーズを指す。例えば，順序を表す語句（first, second, lastly など），出典を表す語句（according to など），付加情報を表す語句（furthermore, in addition など），要約を表す語句（to sum up, to conclude など），同列を表す語句（in other words, that is to say など），結果を表す語句（therefore, as a result など），対比を表す語句（however, on the other hand など）などがある。これらのつながりを示す語句に注意して文章を読んで，論理がどのよう

に展開しているのかを把握したり，つながりを示す語句を適切に用いて，論理の展開が明確な文章を書いたりすることができるように指導する必要がある。

　実際の指導においては，概要や要点を理解させる際，文章の特質などに応じて，トピック・センテンスや繰り返して用いられる語句に注意するよう指導すること，5W1H（who, what, when, where, why, how）などの文章を読む際に注意すべき視点を示すこと，つながりを示す語句に着目するなどして文章の構造や論理の展開などにも注意を払わせることなどが考えられる。また，文章を書く際，キーワードを整理して全体の構成を考えること，つながりを示す語句を適切に用いて，論理の展開が明確な文章を書くことなどが考えられる。
　　　　（『高等学校学習指導要領解説　外国語編・英語編』（2009：13-14））

(11)において「つながりを示す語句」として挙げられているのは全て副詞句であり，接続詞ではない。その定義が「文と文，段落と段落の意味的・文法的なつながりを示す語やフレーズ」とあることから，少なくとも文中に現れる従属接続詞が意図されていないことは明白である。

　(11)に挙げられた「つながりを示す語句」が重要であることは否定しない。その一方で，筆者の現場経験から言うと，上記の「つながりを示す語句」は殊更に協調せずとも理解させやすい部類に入ると思われる。というのも，いずれも対応する日本語の表現があり，それらの機能や用法も日・英語間で大きな違いがないからである。しかもその大半が前から順に訳していけばつながっていく。つまり，(11)に挙げられた「つながりを示す語句」はその訳を示せば自然に習得できる可能性が高く，英語の特性として特に取り上げるまでもない可能性まであるのである。

　本節においては，新指導要領で言及された「つながりを示す語句」について考察した。「的確さ」を科目の目標に加えたことと，「つながりを示す語句」に関心を向けたことは，その間に関係があろうとなかろうと評価すべきであろう。しかし，「つながりを示す語句」の対象は従属接続詞にまで及ぶものではなかった。次節においては，なぜ従属接続詞が指導（要領）から嫌われるの

か，なぜ従属接続詞の理解が「的確な理解」のために必要なのか，そして，どのように従属接続詞を理解させればよいのか，といった問題を新指導要領が導入した「コミュニケーションを支えるものとしての文法」の視点を交えて考察する。

4. 従属接続詞の指導法

4.1.「従属接続詞」の限界

ここで改めて，「文（章）がなぜ的確に読めない（聞けない）」のか考えてみよう。一つの大きな原因は，文中の「どの要素がどの要素とどうつながっているかわからない」ということである。従属接続詞は，日本語のそれと違い，接続される節の前に現れ，前から順に訳していけないケースが多い。

(12) John can read English although he cannot speak it.
（ジョンは英語を話せないが，読むことはできる。）

"although" の位置と，"although" が導く従属節の主節に対する位置が，日本語の訳とでは逆になっている。英語の従属接続詞のこのような性質がリーディングやリスニングに与える影響は小さくない。近年多用される「スラッシュ・リーディング」を例に考えてみよう。

近年の「コミュニケーションのための英語」では精読よりも速読が好まれていることは2節でも述べたが，速読の「的確さ」を保証する学習法として多用されているのがスラッシュ・リーディングである。文を口に出して読むがごとく速く読みながら，意味（構成要素）の切れ目毎にスラッシュを入れていく読書法である。

(13) John / can read / English / although (/) he / cannot speak / it.

"although" の後にスラッシュを入れられるかどうかは，"although" の前にスラッシュを入れるかどうかにかかっている。"although" の前にスラッシュが入っていれば，"although" の後にスラッシュが入ってもよい（入らなくてもよい）のだが，"although" の前にスラッシュが入らないまま，"although" の

後にスラッシュを入れるのは誤りである。

(14) John / can read / English although / he / cannot speak / it.

(14) のようなスラッシュの入れ方では「的確な」読みはできない。ところが，このようなスラッシュの入れ方をする学生は少なくない。接続詞が"that"になると余計にこの傾向は強くなる。

(15) I / think that / John / will win / the first prize.

that 節が主語位置にも埋め込まれる（(16)）ことを考えれば"that"の前にスラッシュが入らなければならないことに気づきそうなものだが，(15) のような例は後を絶たない。

(16) That John won the first prize surprised us.

(16) のような文をやり取りする言語活動によって，(13) のように正しくスラッシュを入れる「コミュニケーションを支える文法」が身についていない可能性がある。

　ところで，(16) の"that"の用法について我々はどのように教えられてきたのだろうか。体系的な理解はおろか，それが（従属）接続詞であることすらまともに習った記憶がないという学生が（筆者も含め）非常に多い。無理もなかろう。(16) の"that"を見ても「何と何がつながれているのか」分かりにくい。まして「何が何にどう従属しているのか」など教えようとするだけで気が滅入りそうである。「従属接続詞」という概念の限界がここにある。

　もっとも，(16) の"that"を従属接続詞として教えることの意義を見出しにくいことも事実である。指導要領が接続詞を嫌う理由がこのようなところにもあるとすれば，そのこと自体は否定しない。しかし，「つながりを示す語句」の概念を接続詞にまで拡大しても事態は同じである。その一方で，「コミュニケーションを支える文法」的視点からも"that"に対する構造的理解を定着させることは，(15) のような誤ったリーディングを避ける上でも必要である。ここで導入したいのが「補文標識」の概念である。

4.2. 補文標識

"that" も "although" も,「何を何にどう従属させる」のか分かりにくいだけでなく, そもそもこの両者が同じ類に属していることすら認識できていない学生が散見される。この両者に共通する特性をどう理解すればよいのであろうか。

生成文法においては, "that" も "although" も補文標識 (complementizer) と呼ばれる。節を別の節の要素として埋め込む時「埋め込まれる節を導く要素」という意味である。(16) において "that" は主語の位置に埋め込まれる節を導いており, (13) において "although" は副詞的要素が現れる位置に埋め込まれる節を導いている。"that" と "although" はそれが関与する「従属」の詳細については異なるが, それが率いる節を別な節に「埋め込む」機能を有していることでは一致している。従属接続詞の「埋め込み機能」が認識できていれば, 従属接続詞の前にスラッシュを入れることができると同時に, その後に続く主語・動詞を中心とするまとまり（命題）に接続詞自体が持つ意味を加えることによって, 何が何にどうつながるか自然に「推測」できよう。

速読やスラッシュ・リーディングをする際, 接続詞に出会う度に, それが何と何をどうつないでいるかということを, 文法知識から導く余裕はないかもしれない。しかし, 日本人が「こと」や「が」といった助詞に出会った時に,「埋め込み」を無意識のうちに読み取ることができるように, 英語においても埋め込みに対する直観は速読や聞き取りにおいても機能するはずである。「埋め込み」という概念や「補文標識」といった概念は,「従属接続詞」よりも「コミュニケーションを支える文法」にふさわしいと言えよう。

ここで, スラッシュ・リーディングを通して「埋め込み」を理解させる簡単な工夫について (17) を例に考えてみよう。

(17) That John won the first prize surprised us although his mother was confident in it.

(17) に埋め込みを考慮せずスラッシュを入れると (18) のようになる。

(18) That John / won / the first prize / surprised / us / although his

mother / was / confident / in it.

この段階で"surprised"の主語位置に"that"に導かれる節が埋め込まれ，副詞的要素として"although"に導かれる節が埋め込まれていることを認識させることは，それほど難しいことではない。埋め込み文の前後のスラッシュ（あるいは空所）を角括弧（[　　]）に代えるのである。

(19) [That John / won / the first prize] surprised / us [although his mother / was / confident / in it].

角括弧の部分を簡略化して示せば，埋め込まれている事がより鮮明に認識できる。

(20) [　　　　]surprised / us [　　　　].

もちろん，(20)のような標記を用いずとも，色や下線を使って標示しても同様の効果を生み出すことができるだろう。

　文の構成要素を角括弧で区切って見せながら理解させようとする手法は，大学で生成文法に触れた教員を中心に学校でも用いられているようであり，筆者もそのような授業に出くわしたことがある。しかし，それらにおいては，理由も述べないまま節の外枠を示したり，文中の細かい関係まで示そうとして角括弧だらけになったりして，うまく機能していない例も多いように思われる。角括弧は (20) 程度にして，SVOC などの伝統的概念も併用すれば十分に効果が上がると考えられる。

4.3. 文構造を理解させるタイミング

　ここで，リーディングの授業の中で，前節で考察した文構造を理解させる指導をどう位置付けるか考えたい。(2b) にもあるように，新指導要領は文構造などの文法事項を「多様な活動に取り組む中で定着を図る」ことを求めているので，それを尊重するならば，リーディングの授業から切り離して，文構造を教えることは避けねばならない。要は，スラッシュ・リーディングとそれを利用した文構造の説明をどのタイミングで入れるかということである。以下に指

導案（略案）の一例を示す。

(21)

学習活動	学習内容	指導上の留意点	目標
速読：内容理解に関する質問を提示し，読後に質問に答えさせる。	速読による大意把握	全体の流れがつかめているか確認できるような設問を用意する。	理解できないことがあっても，推測するなどして読み続ける態度を養う。
重要語彙の確認：	語義と用法（特に動詞）を確認	速読の際推測した語義が正しかったか確認させる。	新出語句の定着
スラッシュ・リーディング：文を各要素ごとにスラッシュで区切る。その後主語と述語を中心としたまとまり（節）を角括弧で区切らせる。	文の各要素間のつながり	節が別の節の一部として埋め込まれている可能性を示唆する。	文の各要素間のつながり（特に「埋め込み」の関係）を理解する。
難解文の構造解説	埋め込み（複文構造の理解）	色や下線などを使って視覚的に埋め込み関係を説明する。	補文標識が埋め込み節を導いていること，埋め込まれた節が，より大きな節の一要素として機能していることを理解する。
全訳	正確な内容理解	訳しながら，要素間のつながりを確認する。	訳と文構造の関係を正確に把握する。
読み返し：音読・速読	内容を確認しつつ音読する	棒読みにならないよう注意する。アクセントや，ポーズなど，内容を理解していることが分かる音読を意識させる。	速読しながら大意を把握できる。

　「理解できないことがあっても，推測するなどして聞き続けたり読み続けたりしようとする態度」の育成は指導要領に明示されており，まずは速読で大意を把握させるのだが，何も準備がないまま読ませるのでは緊張感が保てない。教科書の大半はページ毎に内容理解の質問を用意しているので，それらを活用するとよいだろう。あるいは，内容に関するイントロダクションを行って，「関心をもって速読する」状況を作り出すことも考えられる。「理解できないことがあっても推測する」とは本来文構造ではなく，語句の話である（べきであろう）。それを踏まえると，最初から新出語句を解説することは避けたい。

大意を把握し，不明な語句がない状況を作った後は精読に入る。スラッシュ・リーディングを行った後の流れは前節でおよそ説明してあるのでここで繰り返すことはしないが，構造解説を全ての文について行う必要はないであろう。おそらく，スラッシュ・リーディングそのものも同様であり，とりわけ複雑な構造を持つ文を取り上げて説明すれば事足りるであろうし，時間的にもそれぐらいが限度であろう。

本節においては，スラッシュ・リーディングを利用した文構造の説明について指導案を提示した。「理解できないことがあっても推測」できることは重要だが，「理解できなかったところを推測のままに済ます」のでは進歩がない。的確な読解と大意把握を旨とする速読を対立するものと捉えないことは，「文法をコミュニケーションと切り離して考えたり，この二つを対立的な事項としてとらえたりしないことが大切である。((2a) 参照)」という新指導要領の精神と表裏一体であることを確認したい。

5.「補文標識」の生産性

本稿を終える前に，補文標識ならびにその構造上の位置である C(omp) が平叙節の埋め込みにとどまらない広範な説明力を持っていることを示し，その概念が学校文法にさらに寄与できる可能性について考察したい。

生成文法において，補文標識は C(omplementizer) の位置にあると考えられている。

(22)
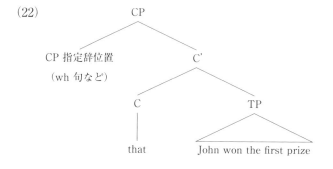

節には平叙節や感嘆節や疑問節などのタイプがあるが，これらのタイプを決定する情報が集約されるのが C と，wh 句などが現れる CP 指定辞位置の要素であると考えられている。例えば，yes-no 疑問文は C の位置に助動詞（日本語では終助詞「か」）を置くことにより疑問文であることが分かる。（C の位置は日本語では TP の右側になる。）

(23) [[$_C$ Do] [$_{TP}$ you have a pen]]？

ここで注目したいのは，疑問節を導く"do"や「か」が補文標識と同じ位置を占めることである。これは一見不自然に見えるかもしれないが，"do"が疑問節，"that"が平叙節，というようにどちらも特定のタイプの節を導いているということでは同じである。これらが現に，同じ位置を共有していることには具体的証拠もある。Henry (1995：107) によると，標準英語では許されないが，ベルファスト英語においては，wh 句の後に補文標識の"that"が現れる場合があるという。

(24) a. I wonder [which dish that they picked]
　　　b. They don't know [which model that we had discussed]

標準英語において (24) のような例が許されないのは，標準英語の"that"が平叙節のみを導くと厳密に規定されている一方で，wh 句が疑問節を導く C 要素と一致する必要があるためであると考えられる。

CP 指定辞要素と C 要素の間に一致関係があることは，それらの間に一貫した共起関係があることからも窺える。

(25) a.　What did you buy？
　　　b.　*What you bought？
　　　c.　I wonder what he bought.
　　　d.　*I wonder what if/that he bought？
　　　e.　I believe that John is honest.

主節において CP 指定辞位置の wh 句と共起できるのは疑問の助動詞のみであり，埋め込み節においては wh 句が C 要素と一切共起しない（ベルファスト英

語等を除く。)。その一方で、補文標識"that"はCP指定辞要素と一切共起しない。(25c)は従属接続詞を含まず(25e)は含むため、学校文法ではそれぞれ「間接疑問文」、「that節」というように個別に学習しているが、Cという概念と、そこを補文標識や疑問の助動詞が共有しているという認識を持つことによって、従属接続詞が具現しているかどうかに関係なく、「埋め込み節」に対して統一的な構造分析が可能となる。

Cとして具現できる要素は他にもある。(26),(27)を例に考えてみよう。

(26) 定形節:
   a. It is required that [$_\alpha$ [$_{NP}$ John] will [$_{VP}$ wash his car in a hurry]].
   b. I hope that [$_\alpha$ [$_{NP}$ John] will [$_{VP}$ dance soon]].

(27) 不定詞節:
   a. It is required for [$_\alpha$ [$_{NP}$ John] to [$_{VP}$ wash his car in a hurry]].
   b. I hope for [$_\alpha$ [$_{NP}$ John] to [$_{VP}$ dance soon]].

(北川・上山(2004:46))

αで表した定形節と不定詞節の命題内容は同じであり、αを導く"that"と"for"が共にCに位置していると考えれば、定形、不定詞節に関係なく、同じ命題内容を含む節に共通の構造を当てはめることができる。これも、従来接続詞と前置詞として個別に説明されている"that"と"for"を補文標識として包括することによって可能となることである。(αの内部構造の共通性については北川・上山(2004:44ff.)を参照)

本節においては、従属接続詞に代わる概念として「補文標識」を用いることで、埋め込み節全般に対する包括的な構造説明が可能になるとともに、疑問の助動詞との共起関係にも一貫した説明が可能になることを示した。

6. まとめ

本稿においては、新指導要領で導入された「コミュニケーションを支える文法」という概念について、その精神と指導要領に記述されている内容に整合性が見られるか検証し、「的確な理解」に資する文構造の説明の必要性を指摘し

た。その上で,節の埋め込みを例に,速読を中心とする授業のなかで,「コミュニケーションを支える文法」をいかに導入すべきか考察した。具体的には,「従属接続詞」に代わる概念として「補文標識」を導入し,スラッシュ・リーディングのなかで,埋め込みを認識させる練習を速読に続けて行うことを提案した。補文標識という概念は埋め込みだけにとどまらない有用性を持っており,文構造をさらに包括的に理解させる可能性を秘めている。

注
1. 本稿は,中川(2013)(「新学習指導要領を踏まえた教材研究と指導案:文構造の理解をコミュニケーションに活かすために」,『中京大学教師教育論叢』第2巻,中京大学国際教養学部,27-39)に加筆,修正を加えたものである。

参考文献

Henry, Alison (1995) *Belfast English and Standard English : Dialect Variation and Parameter Setting*, Oxford Univ Press, Oxford.
北川善久・上山あゆみ (2004)『生成文法の考え方』,研究社,東京.
文部科学省 (1989)『高等学校学習指導要領』.
文部科学省 (1999)『高等学校学習指導要領』.
文部科学省 (2009)『高等学校学習指導要領』.
文部科学省 (2009)『高等学校学習指導要領解説 外国語編・英語編』.

中高一貫教育における文法指導
―覚える文構造から理解する文構造へ[1]―

中川　直志

1. はじめに

　中学生や高校生，とりわけ「英語嫌い」の生徒が持っている英語に対するイメージはどのようなものであろうか。ひたすらに単語と構文を暗記し，内容に興味の湧かない文章を訳し続けることに退屈し，覚えても忘れてしまう虚しさに学習意欲を削がれているような状況もあるように思われる。
　このような「構文を暗記させるだけで生徒が退屈している」という認識は，文法を細かく教えることを避ける施策として反映されてきており，2009年に改訂（2013年度実施）された高等学校学習指導要領（以下「新高校指導要領」）においても，コミュニケーションを支えるものとしての文法の位置づけが明確になり，文法はその習得を第一義としない言語活動の中で付随的に教えられるような指示がなされている。（中川（2013）参照）
　しかし，文法に特化した授業が減る一方で，学校文法の体系そのものには変化なく，文法の導入こそ別の言語活動の中に埋没されているものの，その定着段階ではひたすらに構文を暗記することが繰り返されているように思われる。そして理解できないことをうやむやのままにし，（分かったという）達成感のない言語活動が繰り返されるようになった結果，近年では文法力の低下に対する懸念が高まってきており，2012年度から完全実施（2008年公示）されている中学校学習指導要領（以下「新中学指導要領」）には正しい文法理解が失われていることに対する危機感が垣間見られる。
　このような現状に鑑み，本稿においては，中高の6年間を1つのサイクルとみなした文法指導について具体的に考察し，中学英文法の焼き直しの如き印象もあるという高校での文法指導について現代言語学の立場から提案を行う。具体的には，高校英文法においても個別に取り上げられ，中学英文法とほぼ同様

の用法解説に留まっている不定詞や動名詞について，それらが節構造を有する「埋め込み文（補文）」として包括的に取り上げられる可能性を示す。さらに，そのような包括的理解が進む過程で，「意味上の主語」といった，英語の授業の中で日常的に使われながら理解されていない（あるいは理解していると誤解している）概念の中に，言葉の本質にかかわる内在的知識が隠されていることや，「動名詞にも動詞的なものと名詞的なものがある」といった，当たり前のようでありながら理解されずにいることを生徒に明確に意識づけることによって，「理解と達成感のある授業」が実践されることが望ましく，言葉を指導する人材がまずそのような言葉に関する本質的知識を蓄える必要があると主張する。

　本稿の構成は次の通りである。2節においては，新中学指導要領，新高校指導要領の文法に対する考え方を概観し，それを踏まえた中高1サイクルの文法指導に対する基本的考え方について考察する。3節においては，誰もが耳にしたことがある「意味上の主語」という概念が，単に便宜的なものではなく，人間の構文認知における統語上の実在であることを指摘し，そのような認識が，学校文法において個別に取り上げられている不定詞や動名詞といった構文に「埋め込み文（補文）」という普遍的な位置づけを与える可能性を開くことを概観する。その上で，動名詞を例に，文型にこだわって分類することの限界と，文構造を理解する姿勢の重要性について指摘する。4節は結語である。

2. 新学習指導要領と文法

　本節においては，文法との関わりから，新指導要領における注目すべき改訂点について概観し，その趣旨を実現する方策について考察する。

2.1. 新中学指導要領
2.1.1. 文法力低下に対する危機感

　前節で言及した文法力低下に対する危機意識は，新中学指導要領「第9節外国語　第2各言語の目標及び内容等　英語　2内容　(1) 言語活動　エ書くこと」において象徴的に現れている。

(1) 主として次の事項について指導する。
　　（ア）文字や符号を識別し，語と語の区切りなどに注意して正しく書くこと。
　　（イ）語と語のつながりなどに注意して正しく文を書くこと。
　　（ウ）聞いたり読んだりしたことについてメモをとったり，感想，賛否やその理由を書いたりなどすること。
　　（エ）身近な場面における出来事や体験したことなどについて，自分の考えや気持ちなどを書くこと。
　　（オ）自分の考えや気持ちなどが読み手に正しく伝わるように，文と文のつながりなどに注意して文章を書くこと。
　　　　　　　　　　　　　　　　　　　　　　　　　　（『中学校学習指導要領』（2008：93））

これを旧中学指導要領における当該部分（(2)）と比較すると，旧中学指導要領の（ウ）と（エ）が新中学指導要領（(1)）において（イ），（エ），（オ）の3項目に再編成されたことが分かる。

(2) 主として次の事項について指導する。
　　（ア）文字や符号を識別し，語と語の区切りなどに注意をして正しく書くこと。
　　（イ）聞いたり読んだりしたことについてメモをとったり，感想や意見などを書いたりすること。
　　（ウ）自分の考えや気持ちなどが読み手に正しく伝わるように書くこと。
　　（エ）伝言や手紙などで読み手に自分の意向が正しく伝わるように書くこと。
　　　　　　　　　　　（http：//www.mext.go.jp/a_menu/shotou/cs/1320086.htm）

この再編においてとりわけ新奇な印象を与えるのは(1)の（イ）であり，その趣旨について文部科学省は次のように解説している。

(3) この指導事項は，今回の改訂で新たに加えたものである。文構造や語法の理解が十分でなく正しい文が書けないという課題に対応したものである。

「正しく文を書く」とは，正しい語順や語法を用いて文を構成することを示している。ここで，正しい語順や語法で文を書くことのうち，特に「語と語のつながり」を明示して語順の重要性を強調しているのは，例えば，John called you. を，You called John. と順序を変えて書けば意味が大きく異なってしまうように，英語では意味の伝達において語順が重要な役割を担っているからである。

　なお，生徒に英語の文構造や語法を理解させるために，語の配列や修飾関係などの特徴を日本語との対比でとらえて指導を行うことも有効であると考えられる。

（『中学校学習指導要領解説　外国語編』（2008：20-21））

(3) は，「主語と目的語」という基本中の基本を含めた文法力が怪しくなっていることをも認めた危機意識の表明と言って過言でない。それでは，このような危機意識を踏まえた新中学指導要領において，文法全般に対する考え方や位置づけには変化が見られるのであろうか。

2.1.2. 文法に対する考え方

　新中学指導要領において文法全般に対する考え方が表明されているのは，「第9節外国語第2各言語の目標及び内容等」の「2内容　(4) 言語材料の取扱い」である。

(4) 言語材料の取扱い
　　ア　発音と綴りとを関連付けて指導すること。
　　イ　文法については，コミュニケーションを支えるものであることを踏まえ，言語活動と効果的に関連付けて指導すること。
　　ウ　(3) のエの文法事項の取扱いについては，用語や用法の区別などの指導が中心とならないよう配慮し，実際に活用できるように指導すること。また，語順や修飾関係などにおける日本語との違いに留意して指導すること。
　　エ　英語の特質を理解させるために，関連のある文法事項はまとまりを

もって整理するなど，効果的な指導ができるよう工夫すること。
(『中学校学習指導要領』(2008：97))

旧中学指導要領における当該箇所の記述が (5) に示すように淡泊なものであることを踏まえれば，(4) は新中学指導要領における文法に対する積極的関心を示すものと言ってもよいだろう。

(5) 言語材料の取扱い
　ア　(3) の「エ文法事項」の (イ) のcの (b)，dの (b) 及び (ウ) のbについては，理解の段階にとどめること。
　イ　(3) の「エ文法事項」の取扱いについては，用語や用法の区別などの指導が中心とならないよう配慮し，実際に活用する指導を重視するようにすること。
(http：//www.mext.go.jp/a_menu/shotou/cs/1320086.htm)

ただし，(4) は新中学指導要領における文法の位置づけ自体がこれまでの指導要領から変更されたことを示すものではない。特に，「文法については，コミュニケーションを支えるものであることを踏まえ，言語活動と効果的に関連付けて指導すること。」という方針は新高校指導要領にも引き継がれており，文法力低下の一因とも揶揄される「コミュニケーション路線」とでも呼ぶべき方針は堅持されていると言ってよい。

その一方で，文法に対する向き合い方に新たな視点とでも呼ぶべきものが導入されているのは興味深い。(4) のウやエに言及された日本語との比較や，関連ある文法事項の整理である。とりわけ後者については，新指導要領内にその一例とでも言うべきアイデアが表明されている。その趣旨は次の通りである。

(6) 「文法事項」については，従来の学習指導要領で用いられていた「文型」に替えて「文構造」という用語を用いた。文を「文型」という型によって分類するような指導に陥らないように配慮し，また，文の構造自体に目を向けることを意図してより広い意味としての「文構造」を用いたものである。

(『中学校学習指導要領解説　外国語編』（2008：36））

文構造を理解するために文型を利用するのは理解できるが，（時として無理に）何でも型に押し込めようとするのでは，結局，分ける必要のないものまで分けたまま暗記を強要することになってしまう。(6) は従来の学校文法の枠を超えて構文を虚心に眺め，より体系的な理解を促すものとして肯定的に受け止めることができよう。

　新中学指導要領からは，文法に対する位置づけこそ従来と変わらないものの，文法力低下に対する認識と，文法に対する体系的理解を促そうとする姿勢が（十分とは言い難いが）感じられるようになってきている。次なる関心は，このような姿勢が新高校指導要領にどのように引き継がれている（引き継がれていない）かである。

2.2. 新高校指導要領

　新高校指導要領における文法の位置づけについては，中川（2013a）においてある程度述べたのでそちらも参照願いたいが，改めてその要点を振り返り，問題点を明らかにしておきたい。

　新高校指導要領は，英語の精度に対する危機意識を教科の目標に反映させている。

　(7) 外国語を通じて，言語や文化に対する理解を深め，積極的にコミュニケーションを図ろうとする態度の育成を図り，情報や考えなどを的確に理解したり適切に伝えたりするコミュニケーション能力を養う。

（『高等学校学習指導要領』（2009：87））

これを (8) に引用した旧高校指導要領の当該部分（1999 年告示：第 2 章普通教育に関する各教科　第 8 節外国語　第 1 款目標）と比較すると，新指導要領になって，「理解」が「的確に理解」となり，「表現したり」が「適切に伝えたり」となっていることに気付くだろう。

　(8) 外国語を通じて，言語や文化に対する理解を深め，積極的にコミュニ

ケーションを図ろうとする態度の育成を図り，情報や相手の意向などを理解したり自分の考えなどを表現したりする実践的コミュニケーション能力を養う。

（『高等学校学習指導要領』（1999：119））

ところが，この「的確」や「適切」といった表現に込められた真意を文構造の体系的理解に結びつけるのは容易ではない。当該部分に対する指導要領解説は次のように述べている。

(9) 外国語科の目標は，コミュニケーション能力を養うことであり，次の三つの柱から成り立っている。
　① 外国語を通じて，言語や文化に対する理解を深めること。
　② 外国語を通じて，積極的にコミュニケーションを図ろうとする態度を育成すること。
　③ 外国語を通じて，情報や考えなどを的確に理解したり適切に伝えたりする能力を養うこと。

　①は，外国語の学習において，その言語の仕組み，使われている言葉の意味や働きなどを理解することや，その言語の背景にある文化に対する理解を深めることが重要であることを述べたものである。また，このような学習を通して，外国語や外国の文化のみならず，日本語や我が国の文化に対する理解が深められ，さらに，言語や文化に対する感性が高められ，ひいては，広い視野や国際感覚，国際協調の精神を備えた人材の育成につながることが期待される。

　②は，外国語の学習や外国語の使用を通して，情報や考えなどを的確に理解したり適切に伝えたりすることに積極的に取り組む態度を育成することを意味している。具体的には，理解できないことがあっても，推測するなどして聞き続けたり読み続けたりしようとする態度や確認したり繰り返しや説明を求めたりする態度，自分の考えなどを積極的に話したり書いたりしようとする態度などを育成することを意味している。このようなコミュニケーションへの積極的な態度は，国際化が進展する中

にあって，異なる文化をもつ人々を理解し，自分を表現することを通して，異なる文化をもつ人々と協調して生きていく態度に発展していくものである。したがって，外国語の学習や実際の使用を通してこの目標を達成しようとすることは，極めて重要な意味をもつ。

　③の「情報や考えなどを的確に理解したり適切に伝えたりする」ことができることとは，外国語の音声や文字を使って実際にコミュニケーションを図る能力であり，情報や考えなどを受け手として理解するとともに，送り手として伝える双方向のコミュニケーション能力を意味する。「的確に理解」するとは，場面や状況，背景，相手の表情などを踏まえて，話し手や書き手の伝えたいことを把握することを意味している。また，「適切に伝え」るとは，場面や状況，背景，相手の反応などを踏まえて，自分が伝えたいことを伝えることを意味している。

　この③に係る能力は，「コミュニケーション能力」の中核をなすものであり，①に示す言語や文化に対する理解や②に示す積極的な態度と不可分に結び付いている。すなわち，「情報や考えなどを的確に理解したり適切に伝えたりする」ためには，「言語や文化に対する理解」や「積極的にコミュニケーションを図ろうとする態度」を有することが必要であり，また，「言語や文化に対する理解」の深まりや「積極的にコミュニケーションを図ろうとする態度」の向上によって，「情報や考えなどを的確に理解したり適切に伝えたりする」ことが一層効果的に行えるようになるということである。なお，「コミュニケーション能力」は実践性を当然に伴うものであることを踏まえ，改訂前は「実践的コミュニケーション能力」としていたが，今回は単に「コミュニケーション能力」とした。

　この「コミュニケーション能力」を養うには，生徒が実際に情報や考えなどの受け手や送り手となってコミュニケーションを行う活動が重要である。そのような活動を行う際には，言語の使用場面や働きを適切に組み合わせることにより，活動を効果的なものとする必要がある。今回の改訂により，中学校段階においても4技能を総合的に育成することとなっており，高等学校においては，中学校における学習の基礎の上に，

「聞くこと」,「話すこと」,「読むこと」及び「書くこと」の 4 技能を総合的に育成するための統合的な指導を行い,生徒のコミュニケーション能力を更に伸ばすことが大切である。
(『高等学校学習指導要領解説　外国語編・英語編』(2009：6-7))

的確な理解や適切な伝達に直接的に言及しているのは,「③　外国語を通じて,情報や考えなどを的確に理解したり適切に伝えたりする能力を養うこと。」であり,これに関わる能力が「①に示す言語や文化に対する理解や②に示す積極的な態度と不可分に結び付いている。」ことは（当然のことながら）認めている。そして,言語や文化に対する理解とは,「言語の仕組み,使われている言葉の意味や働きなどを理解することや,その言語の背景にある文化に対する理解を深めること」であるとして,的確な文法力（本稿の研究対象として考えれば文構造の理解）の必要性を一応認めているように見えなくもない。

しかし,上記の必要性がどれほど重視されているかは疑わしい。「的確」と「適切」に対する直接的言及を改めて抜き出してみる。

(10)「的確に理解」するとは,場面や状況,背景,相手の表情などを踏まえて,話し手や書き手の伝えたいことを把握することを意味している。また,「適切に伝え」るとは,場面や状況,背景,相手の反応などを踏まえて,自分が伝えたいことを伝えることを意味している。
(『高等学校学習指導要領解説　外国語編・英語編』(2009：7))

(10)においては,的確に理解し,適切に伝えるための文構造の知識には何ら言及がない。また,(9)全体を見回しても,「文法」という表現ばかりでなく,その中身への言及さえも無いに等しい。(9)には「的確」に絡む言及がもう一箇所あるが,そこには,文構造の理解に対する否定的態度さえ窺われる。(11)の通りである。

(11)　②は,外国語の学習や外国語の使用を通して,情報や考えなどを的確に理解したり適切に伝えたりすることに積極的に取り組む態度を育成することを意味している。具体的には,理解できないことがあって

も，推測するなどして聞き続けたり読み続けたりしようとする態度や確認したり繰り返しや説明を求めたりする態度，自分の考えなどを積極的に話したり書いたりしようとする態度などを育成することを意味している。
　　　　　　（『高等学校学習指導要領解説　外国語編・英語編』(2009：7))

　仮に間接的であっても，「的確に理解」することが，「理解できないことがあっても，推測するなどして聞き続けたり読み続けたりしようとする態度」に結び付けられるのはいかがなものか。それならせめて，推測するための物差しぐらいは示すべきであろう。それもないのであれば「推測」ではなく「思いつき」である。推測するための物差しが文法であることは論を待たない。
　ここまでが，中川（2013）において展開した新高校指導要領に関する議論の一部である。英語運用の精度に対する危機意識が，文構造の体系的理解の必要性に少なくとも強くは関連付けられていない感を禁じ得ない。それでは，新中学指導要領が示唆した文構造理解の必要性は新高校指導要領にどのように受け継がれたのであろうか。指導要領解説の当該部分を抜き出してみよう。

(12)　今回の改訂では，従来の学習指導要領で用いられていた「文型」に替えて「文構造」という語を用いている。これは，文を「文型」という型によって分類するような指導に陥らないように配慮し，文の構造自体に目を向けることを意図してのことである。正確な文を話したり書いたりしようとすれば，例えば，動詞に続く目的語がto不定詞／動名詞／that節のうちどれなのかといったように，構造に注意を向ける必要がある。このようなことなどにも目を向けることを意図して，より広い意味を表すものとして「文構造」という語を用いたのである。
　　　　　　（『高等学校学習指導要領解説　外国語編・英語編』(2009：39))

　文型を暗記するだけでは応用力が伴わないことを認め，構造を理解する必要性を説いている点は肯定的に評価したいし，この点では新中学指導要領との一貫性も感じられるのだが，to不定詞や動名詞やthat節といった構文の内部にまで目を凝らし，これらの構造を包括的かつ体系的に理解するところまでは触れ

られていない。(もちろん現状では無理な部分もあるが,) これでは結局各構文そのものの特性については従来通り暗記せざるを得ないであろう。

2.3. 中高接続の観点から考える文法指導

本節においては，新中学指導要領と新高校指導要領における文法に対する考え方を概観した。いずれも，文法力の精度低下を認識すると共に，文構造に対する「理解」を推し進めたい思いをにじませているが，従来の学校文法の枠に発想が縛られており，「文型」を越えたところにある文構造の本質的理解の必要性には考えが至っていないように思われる。現に，文法事項については従来の学校文法の枠組みに従って項目が挙げられているだけであり，その中身に対する考え方についてはほとんど触れられていない。次節以降で取り上げる不定詞を例に挙げると，新高校指導要領では，かろうじて解説において，「高等学校では，原形不定詞の用法などについて指導する」と規定されているのみである。結果として，高校英語教科書においても不定詞についての解説としては中学英文法の復習としか見られないような記述が氾濫しており，多くの生徒が高校英文法に対する「中学英文法の焼き直し」的認識を有している（復習自体を否定するものではないが。）。

ただし上記については，現代言語学と英語教育の有機的交流がない現状では無理からぬところもあり，一概に文部科学省を非難できないところもある。また，記述がないだけに自由が許されると見ることもできよう。次節においては，新中学指導要領において示された「英語の特質を理解させるために，関連のある文法事項はまとまりをもって整理する」精神を受け継ぎ，中学校での指導内容を発展的に「理解」する方策について現代言語学の立場から議論したい。

3. 非定形節に対する体系的理解

本節においては，生成文法における不定詞や動名詞の分析を概観しながら，英語の授業の中で半ば常識的に使われている「意味上の主語」という概念がいかに本質的理解を欠いたまま使用されているか指摘した上で，その本質的理解

が，不定詞や動名詞といった「非定形節」に対する包括的な理解に繋がっていくことを概観する。それが意味するのは，中学で覚えた文型に対して体系的かつ本質的理解を進める可能性である。

3.1. 意味上の主語

「意味上の主語」とは，動詞類の主語が顕在的に具現しない場合に用いられる概念であり，リーディングの授業を中心に大半の学生が耳にしている。具体例で確認しよう。

(13) I prefer to leave first.

(13)において prefer の主語は I として顕在化しているが，不定詞 leave に対する主語は顕在化していない。しかし，このような場合にも「leave するのは I である」と認識できることから，「leave の主語は I である」ということができる。I は leave の構造上の主語ではないから，leave に対しては「意味上の主語」となる。

(13)の I が leave に対する「主語」として現実に機能している訳ではないことには注意が必要である。(13)の I が節構造上も主語として機能しているとすれば，節構造の体系的な理解など到底おぼつかなくなる。

(14) a. I prefer [that I leave first.]
　　　b. I prefer [[$_{NP}$ 　　]to leave first.]　　（北川・上山（2004：100））

(14a)における leave の主語がその直前に具現している I であり，(14b)の leave に対する主語が主節の I であるとすると，主語の位置を leave との位置関係から捉えることなどできない。「(14b)の I は leave の主語と同一人物である」というのが正確である。

ここで，「意味上の主語」という概念が学校教育においてどのように使用（利用）されているか検証してみたい。「この動詞の意味上の主語は何か」とはよく繰り出される設問であるが，この問題に解答するアルゴリズムは存在するのだろうか。少なくとも学校では「その前を探せ」程度であって，アルゴリズムと呼ぶにふさわしいものは何もなかったはずだ。「その前を探せ」程度の示

唆がいかにあてにならないかは簡単に例示できる。(15) における behave の意味上の主語は Mary であり，それは behave の前ではなく後ろにある。

(15) To behave herself$_i$ should be Mary$_i$'s first goal.

(北川・上山 (2004：102))

また，(16) のような例は意味上の主語の存在自体が選択的であると示唆する可能性がある。

(16) To play tennis is fun.

(16) においては文中に play の主語（に相当する名詞句）を顕在的に見つけることができない。すると，意味上の主語はあってもなくても良いようであり，そうでなくとも「意味上の主語とは文文法を越える概念」ということになりそうである。しかし，命題を表す単位としての節（単文であれば文）の中に主語に相当するものがない可能性を認めるのでは節構造に対する一貫した理解が無理であることは (14) に見た通りである。教育現場でよく耳にし，時として筆者も使っている「意味上の主語」という概念が実に使い勝手が良い一方で，その本質に対する理解が実に空虚であることが分かるであろう。

しかし，上記の議論によって「意味上の主語」など教育現場で使わない方がよいと決めつけるのは早計である。「使い勝手が良くて，それを使うことによって分かった気になってもらえればそれでよいではないか」といった，空虚な議論に堕すことなく，「意味上の主語」の本質を一定のレベルまで理解した上で，それを教育にどう生かすか建設的に議論したい。

3.2. PRO

意味上の主語やそれを含めた節構造に対する分析を教育にどう応用するか検討する前に，本節においては，意味上の主語の本質について生成文法の立場から検証したい。(14) を (17) として再掲する。

(17) a. I prefer [that I leave first.]
 b. I prefer [[$_{NP}$　　　] to leave first.]　　(北川・上山 (2004：100))

(17a) において that 節で示されている内容と (17b) において不定詞節で示されている内容はほぼ同じである。そうであるならば，双方とも同様の節構造を持つことが望ましい。前節でも述べたように，(17b) の leave に対する直接的な主語が存在しないとすれば，(17a) の that 節と (17b) の不定詞節は根本的に異なる節構造を有することになり，それらがなぜ同じ意味内容を出力し得るのかについて別個の説明が必要となる。(生成文法ではこの直観が「θ規準の違反」として捉えられている。)

この問題は，(17b) において [$_{NP}$　　] で示した位置に非顕在的な主語があるとすることで解決される。生成文法ではこのような主語を PRO と呼んでいる。

(18) I$_i$ prefer [[$_{NP}$ PRO$_i$] to leave first.]

PRO という表記は pronoun に由来しており一種の代名詞であると考えられている。これで意味上の主語は単なる説明の便宜上の存在ではなく，統語構造上の実体として位置づけられることになる。PRO の指示は先行詞 ((18) では I) によって決定され，これをコントロールと呼ぶ。(コントローラー決定のアルゴリズムについては現在でも様々な提案がなされており決着を見ていないが，記述レベルの一般化はある程度のレベルまで達していると言ってよい。)

PRO の実在性については経験的証拠も指摘されている。特に有名なのは再帰代名詞の指示が関係するものである。まず，(19) を例に，英語の再帰代名詞の基本特性について確認しておこう。

(19) a.　Mary$_1$ should behave herself1.
　　 b.　*{　/It} should behave herself1.
　　 c.　*Mary$_1$ knows that [$_S$ John should behave herself1].

(北川・上山 (2004 : 102))

(19b) は英語の再帰代名詞が，先行詞を持たなければならないことを示している。そして (19c) は，その先行詞が再帰代名詞を含む最小の節内になければならないことを示している。(19c) は herself の先行詞 Mary が角括弧で示した節内にないため非文となっており，Mary が John の位置に現れれば文法

的となる。((20) において herself が Ellie を指示し得ないことにも注意。)

(20) Ellie knows that [$_s$ Mary$_1$ should behave herself$_1$].

同様の現象は不定詞節においても観察できる。(21) においては不定詞節の主語が for に導かれて顕在化（Mary）しており，同じ節内にある herself の先行詞となっている。

(21) [$_s$ For Mary$_1$ to behave herself$_1$] should be our first goal.

(北川・上山 (2004：102))

それでは (22) のような例はどのように考えればよいのであろうか。

(22) [To behave herself$_1$] should be Mary$_1$'s first goal. (= (15))

(22) において角括弧で示した不定詞節内に herself の先行詞は顕在していない。これが非顕在的にも存在していないとすれば，(22) は (19b) などと同様に非文と予測されるはずであるが，これは誤った予測である。これに対し，(22) の不定詞節に PRO が存在すると仮定すれば，(それ自身を含む最小の節内に先行詞を持たなければならないという) 再帰代名詞の基本特性（生成文法においては「束縛原理 A」として定式化されている。）に沿った（文法的であるという）正しい予測をすることが可能となる。

(23) [$_s$ PRO$_1$ To behave herself$_1$] should be Mary$_1$'s first goal.

(北川・上山 (2004：103))

(23) においては herself が不定詞節内で PRO を先行詞としており，束縛原理 A が満たされている。

再帰代名詞と同様の特性は述語名詞句についても観察されている。

(24) a. ＊They consider [John to be good students].
　　 b. 　They consider [John to be a good student].

(桑原・松山 (2001：76))

(24a) においては述語名詞句 good students がそれを含む最小の節の主語

(John）と数において一致していないため非文となっており，逆に（24b）においては一致しているので文法的となっている。問題は，同様の説明が（25）においても可能であるかどうかである。

(25) They {decided/hoped} [to be {good students/*a good student}].

（桑原・松山（2001：76））

(25) において不定詞節内の述語名詞が主節の主語である they と直接一致することは，(24a) で見たように不可能である。するとこのままでは，(25) における述語名詞が a good student ではなく good students でなければならないことを説明できないが，不定詞節の主語位置に PRO があり，それが they によってコントロールされていると考えれば，「それ自身を含む最小の節の主語と一致しなければならない」という述語名詞句の基本特性に照らした説明が維持できるようになる。

(26) They$_i$ {decided/hoped} [PRO$_i$ to be {good students$_i$/*a good student$_i$}].

ここまでの PRO の存在証明は，英語の母語話者でない人間にとっては直観的に納得しづらいかもしれないが，上記と同様の議論は日本語でも展開されている。

(27) a. 恭子が自分の猫をなでた。
b. 恭子が哲也に自分の猫を手渡した。
c. 恭子が悠太から自分の猫を遠ざけた。
d. 恭子が [$_{CP}$[$_{IP}$ 哲也が自分の猫を可愛がる] と] 思った。
e. 恭子が翔一に [$_{CP}$[$_{IP}$ PRO 自分の猫を見つける] ように] 命じた。

（長谷川（1999：136））

(27a, b, c) において，「自分」は全て「恭子」を指示し，日本語の「自分」が目的語や副詞句ではなく，主語を指示することを示している。また，(27d) に見られるように，日本語の「自分」は英語の再帰代名詞と異なり，それ自身を含む最小の節の外に先行詞を持つことができる。ここで問題になるのは，

(27e) において「自分」に 2 通りの解釈，とりわけ (27e) の「自分」が「翔一」を指示する解釈が可能になることである。「翔一」は助詞「に」を伴い与格目的語として機能している。与格目的語が「自分」の先行詞になれないことは (27b) に見た通りである。しかしこの問題も，(27e) のように PRO を仮定することによって解決される。PRO が「恭子」からも「翔一」からもコントロールされ得るとすることで，「自分」が PRO を先行詞とすることによって，「恭子」も「翔一」も指示することができ，その一方で，「自分」が主語を指示するという分析も維持できるからである。PRO の実在性に対する直観は，(27a,b,c) において「自分」を主語だけに関連付けながら (27e) においては確信を持って与格目的語に関連付けるという，その確信と同程度に（無意識ではあるが）確かなものであると，日本人の立場からも言えよう。

つまるところ，「意味上の主語」とは「構造上の主語」が顕在化していないだけであって，意味上も構造上も非顕在的に存在する主語がその先行詞によって指示をコントロールされているということになる。

3.3. 構文横断的な節構造

PRO の実在性を証明したところで，改めて PRO を認めることの意義を教育的視点から整理してみよう。強調したいのは次の 2 点である。

(28) a. 意味上の主語の本質的理解（心理的統語構造上の実在）。
　　 b. 定形節と不定詞節に（主語の存在を仮定した）包括的構造分析を適用する可能性

(28a) を授業において単独で取り上げる必要はないかもしれないが，さほど難しい話でもなく，(28b) の理解を進める前提としては避けて通れない。つまり，不定詞節にも必ず主語があるという前提から定形節も不定詞節も現代言語学で言う「埋め込み文（補文）」として統一的に理解する可能性が生まれるのである。

学生による模擬授業を見ていてもよく感じるのだが，不定詞を見つけると，それがリーディングの授業であっても，学生が考えるのは大体においてそれが「何用法か」である。しかしこれは中学文法の焼き直しに他ならない。リー

ディングなどの言語活動に付随する形で教えるべきことはまず，命題内容を持った構造が埋め込まれているという認識であり，それが上位の節構造においてどう位置づけられているかである。「用法」はその結果に過ぎず，用法を考えてから訳を考えるのは本末転倒であろう。中学校においてある程度確立された用法に関する知識を基に，不定詞の根本的機能が節の中に（不定詞）節を埋め込むことであり，さらに「埋め込み」が不定詞節に限られた話でなく，定形節や動名詞節にも適用されることを確認することによって，「文型」や「構文」の分類を越えて，文構造を包括的に理解する道が開かれると考えられる。それこそ中学文法を受けた発展的理解ではなかろうか。

これまで動名詞には触れてこなかったが，ここで，動名詞（節）も埋め込み節として包括することによって，動名詞そのものに対する本質的理解も進む可能性があることを示したい。新中学指導要領解説において動名詞については次のように触れられている（のみ）である。

(29) 動名詞は，以下のようなものを指導する。
　　 We enjoyed dancing together.
　　 Keeping a diary is not easy.
　　 This room is usually used for eating lunch.
　　　　　　　　　　（『中学校学習指導要領解説外国語編』（2008：53））

動名詞については，それが現れる位置と直接目的語を取ることについて指導することを求めているように見える。しかし，動名詞は動詞から派生したものであるから，その主語が顕在化することがあることについても指導すべきであろう（現実には指導されている）。すると動名詞も定形節や不定詞節と同様に節構造を有していると分析することができる。

(30) I enjoy [PRO watching movies].

その一方で，動名詞の主語が顕在化する場合，その現れ方には所有格と目的格の2種類があり，その区別を教えることは一見容易でなく，現実においても積極的に行われていないように思われる。また，目的語についても現実には前置詞を伴って具現する場合があり，これについても，なぜそのようなことが起こ

るのかということについての理解は指導されていない。

 (31) a. I remember [his telling of the story].
    b. I remember [his telling the story].
    c. I remember [him telling the story].

　(31) に示したように，動名詞節には主語と目的語の現れ方の組み合わせに応じて3通りの現れ方がある。このような事実が学校現場で積極的に指導されないのは，「動名詞」という型以上の分類が学校文法の体系にないからである。

　しかし，型にはめられないからと言って一概にうやむやにされてしまうのはいかがなものか。なぜ型にはめられないのかということに対する理解が進めば，(31) のような事態にも柔軟に対応できるのではないだろうか。実は (31) のような現象の本質はそれほど複雑なことではなく，「動名詞」というくらいであるから「動名詞にも動詞的なものと名詞的なもの（そしてその中間にあるもの）がある」というだけのことである。

 (32) a. 名詞的動名詞：主語が所有格で，目的語は前置詞 of を伴って前置詞句として生じる。
     I remember [his telling of the story].
    b. 所有格動名詞：主語が所有格で，V-ing 形は目的語を直接とる。
     I remember [his telling the story].
    c. 対格動名詞：主語が対格で，V-ing 形は目的語を直接とる。
     I remember [him telling the story]. （中村・金子 (2002：142)）

名詞的動名詞が最も名詞的であり，対格動名詞が最も動詞的であり，所有格動名詞がその中間である。実は，これらの間には「型」と呼んでもよいくらい振る舞いに違いがあるのだが，仮にそれらを詳述しなくても，(32) のように示すだけで，「うやむやに見えるものにはうやむやに見えるだけの理由がある」ことが理解できる。それは「自分は理解できていないのではないか」という，とりわけ学習意欲の高い生徒が抱えがちな不安を少なからず払拭するであろう。

　(32) に示したような内容は，中学生には難しいかもしれないが，高校生レ

ベルで理解できない話ではなかろう。動名詞に対し命題を表す単位として定形節や不定詞節と同様の資格をまず認めることによって，一見純粋な名詞句のように見える動名詞に対する理解も自然に行われると考えられる。しかし，新高校指導要領には「動名詞」の文字すらなく，指導要領解説に（30）と同様の例文が示されているのみである。それは，中学教科書と同様の説明が繰り返される高校教科書となって，生徒の知的欲求を削いでいるのではないだろうか。ただし，根本的問題は文部科学省や学校現場にあるのではなく，むしろ，有機的に交流して来なかったためにせっかくの有為な研究成果を教育現場に還元できずにいる，英語教育界と言語学界にある。

4. 結語

本稿においては，中高を1つのサイクルとして文法指導を行う観点から，新中学指導要領と新高校指導要領における文法の位置づけを分析し，不定詞や動名詞の指導を題材に，中学校で覚えた文型を高校において発展的に理解させる方策について考察した。新指導要領においては，文法の精度低下に対する危機意識と，「文型」覚えることから「文構造」に目を向けさせようとする意図が感じられ，そのこと自体は評価すべきであろう。しかし，「文構造」の本質的理解やそれを進める方策についてはまだ手探りの感もある。理解を促す指導は，とりわけ知的欲求も高度になる高校生には有効であると考えられ，非定形節や定形節を包括的に分析することや動名詞に対する柔軟な発想を指導することによって，納得感ある授業が展開できると主張した。

納得感や達成感のない授業には，学習意欲ある生徒からも「英語嫌い」を生み出す温床となる危険があり，英語教育の行く末に対する危機感さえ覚えずにはいられない。というのも，そのように育ってきた大学生が教職課程に入り，筆者のような大学教員の怠慢もあって，言語を教えるに相応しい言語感覚を持つことなく教壇に立っている実態が散見されるからである。言語を教えるにふさわしい言語感覚が十分でない教員が暗記のみを強要し，暗記式に適応する生徒のみが生き残り，その中から，再び暗記のみを強要する教員が再生産されていく。これではいつまで経っても言葉の本質を理解する英語授業は実現しな

い。型にはめることしかできない指導者は型にはめられないものをうやむやにしたり，あるいは無理に不適切な型にはめようとし，結果的に理解を阻害してしまう。その一例となる可能性があるものを挙げておこう。(33) のような使役構文は従来 SVOC の第 5 文型であると教えられてきた。

(33) John made Bill open the door.

その一方で，第 5 文型の典型例は (34) のような文であり，その指導に際しては「O (her) = C (Mary)」であると刷り込まれることも少なくない。

(34) John calls her Mary.

しかし，(33) における Bill と open the door の関係はどう考えても主語と動詞のそれであり，筆者には (33) のような使役構文や知覚構文の O と C を無理に等位関係で理解しようとして苦しんだ記憶が残っている。もちろん，O と C の関係を「主述の関係」として指導しているケースも多く，そのこと自体には救われるのだが，C が第 2 文型の C を連想させる限り，やはり (33) の open を C と考えるのには無理がある。これについては文構造を学ばせない限りうやむやのままであろう。(33) を SVOC と教えることには一定の根拠と長い歴史があるので，そのこと自体を一教員が否定することは難しいのかもしれないが，本質的理解がうやむやを解消する可能性があるのであり，教師はそのような理解を求める姿勢を持つべきであろうと自戒する。

注
1. 本稿は，中川 (2013b)(「中高一貫教育における文法指導：覚える文構造から理解する文構造へ」,『国際英語学部紀要』第 15 巻，中京大学国際英語学部，15-29) に加筆，修正を加えたものである。

参考文献

北川善久・上山あゆみ（2004）『生成文法の考え方』，研究社，東京．

桑原和生・松山哲也（2001）『補文構造』，研究社，東京．

長谷川信子（1999）『生成日本語学入門』，大修館書店，東京．

中川直志（2013a）「新学習指導要領を踏まえた教材研究と指導案：文構造の理解をコミュニケーションに活かすために」，『中京大学教師教育論叢』第2巻，27-39.

中村捷，金子義明（2002）『英語の主要構文』研究社，東京．

文部科学省（1998）『中学校学習指導要領』．

文部科学省（1999）『高等学校学習指導要領』．

文部科学省（2008）『中学校学習指導要領』．

文部科学省（2008）『中学校学習指導要領解説　外国語編』．

文部科学省（2009）『高等学校学習指導要領』．

文部科学省（2009）『高等学校学習指導要領解説　外国語編・英語編』．

意味機能・文法機能と構造の関係を整理する
―主語の指導と副詞の指導―

中川　直志

1. はじめに

　学校文法において主語はどのように規定されてきただろうか。巷間に溢れる良質の学習文法書にどう説明されているかはさておき，学生にこの問いを投げかけると，「動作を行うもの」，「SVOのS」，「動詞の前」，「文の最初」といった答えが殆どである。答えが一様でないことも自体も問題だが，「動作主」といった意味機能的概念と「動詞の前」といった構造的概念が混在していることがより根深い問題を示唆しているように思われる。本稿においては，まず，本来目的語の位置にあると思われる名詞句が主語位置に現れているような構文の観察を足がかりに，「主語」に対する意味機能的理解と構造的理解が正しく整理されるべきであることを示した上で，その指導の在り方について考察する。その上で，意味機能と統語構造の関係が整理された結果，文法機能範疇と語彙範疇も明確に区別できることを概観し，副詞の分布を考察しながら，その教育的意義を考察する。
　言うまでもなく，本稿の議論は理論的言語研究の成果を生徒への指導に応用することを射程に入れているが，その一方で，教える側に，意味機能や文法機能と構造の関係を整理して理解してもらうことを大きな目標としている。言葉を教える者として当然に持つべき言葉への知的関心であるからである。生成文法はこれについて一定の精緻かつ本質的な分析を提供してくれる。少々理論に特化した話にはなるが，同じ内容を解説していても，本質的理解の有無によって教え方は変わってくることに思いを致しながら論述したい。
　本稿の構成は次の通りである。2節においては受動文の派生の観察を通じて，線形順序（語順）上の主語位置が意味機能と結びつけられることが文解釈の混乱を招く可能性を指摘し，音声化される線形順序の背後にある構造の存在

を示す．3節においては，2節での議論を踏まえ，主語の指導にあたっての留意点を考察する．4節においては，能動文の主語に対して意味機能を付与するシステムという観点から「VP内主語仮説」について概観した上で，それを導入した結果，文構造が，語彙範疇を主要部とする階層と機能範疇を主要部とする階層に分けられることを示す．5節においては，4節において観察した文構造が副詞の分布とその修飾範囲（作用域）についてどのような分析を可能にするか概観し，その教育への応用について考察する．6節においては，主語と同様に目的語の格を認可するシステムとして，分離VP仮説について紹介する．6節は教育的関心というよりは理論的関心についての発展的考察であるが，最後まで読み通すことによって，現在の生成文法が仮定する文構造のおよその全体像を把握して頂けることを期待している．7節は結論である．

2. 動作の対象が主語になる構文の派生：D構造の存在

まず，中学校で学習した受動文の作り方を振り返ってみよう．

(1) a. John closed the door.
　　b. The door was closed by John.

受動文が能動文から派生されると仮定して，「目的語位置にあった the door が主語位置に移動する」という説明が一般的であろうが，この説明は本当に正しいのであろうか．この説明の一方で，学生の多くは主語を動作主と認識しているが，その認識は (1b) において the door が持つ意味機能（述語との意味関係にもとづく役割．これを生成文法の用語に従って主題役割と呼ぶ．）と一致しない．(1b) における the door の主題役割は明らかに対象である．つまり，この分析は意味機能と位置の間に期待される一貫した関係（1対1が望ましい）を崩壊させる危険性を孕んでいるのである．主題役割の関係から見て，ある特定の主題役割がある特定の位置に必ず現れるとも言えないし，位置から見て，ある特定の位置にある特定の主題役割が必ず現れるとも言えない．受動文だけに見られる特殊性であるように思われるかもしれないが，このような構文は他にも存在する．

(2) 中間構文

   This book sells well.

(3) tough 構文

   John is easy to please.

(4) 能格構文

   The glass broke.

(2-4) に挙げた構文については，それぞれに派生や構造について詳細な研究が行われており，受動文も含め一概に扱うことは控えるが，いずれにおいても対象が主語位置に現れている点は共通している。

　文の解釈とは主題関係を各要素の位置から読み解くことに他ならない。そこに一貫性を見出せないのでは，文の解釈など到底不可能である。現に，人工的に作られるc言語や手話においてはこのような一貫性が保障されているという。それにも関わらず，(1-4) のような文に，人によってぶれることのない，一定の解釈が可能なのはなぜか。言うまでもなく，何らか方法で，主題関係と構造関係を過不足なく対応させる方策が講じられているはずであり，生成文法はその方策を，音声的に具現している文に隠された構造を想定することに求めた。これがかつて「深層構造」とか「D構造（D は deep の略）」と呼ばれたものである。(1b) の受動文は (5a) の D 構造から (5b) に示す the door の移動を経て派生される。(5) の構造自体の説明については (7) に関する議論を参照されたい。

(5) a. [$_{TP}$ ＿＿＿ [$_{T'}$　was [$_{VP}$ closed the door]]]

   b. [$_{TP}$ the door$_i$ [$_{T'}$　was [$_{VP}$ closed t_i]]]

およそどの大学の教職課程でも英語学の概論は必修であろうと考えられるので，「深層構造」や「D構造」という言葉を耳にした教員は少なくないと思われる。しかし，その理解はその語感から来る抽象的なイメージに終始していることが多い。重要なのは，D構造において主題関係が解釈されているということである。(5a) の D 構造を想定してはじめて我々は (1a, b) が知的に同意で

あると認識できるのである．D構造は，1990年代の半ばから本格化した「最小主義」の枠組みにおいて，派生のレベルとしての存在を否定されているが，その精神は，語彙目録から取り出された要素が統語構造を形成するため最初に併合される段階で，「項構造」と呼ばれる主題関係の情報が反映されることにより受け継がれている．

3. 主語の指導

ここまでの議論を踏まえると，(1a) の目的語位置から (1b) の主語位置に矢印を引くような指導は，単なる説明の便宜上ではなく，人間の文解釈能力の観点からもおよそ妥当なものであると言える．しかしこれは，「主語位置」をどのように定義すればよいのかという問題を改めて提起する．D構造の存在によって主題関係の解釈が保障されるのであるから，(5b) の主語位置（TP指定辞位置（Spec, TP）と呼ばれる．(7) 参照）を「動作主」や「対象」といった特定の意味役割に関連付けることは必要でなくなり，関連付けてしまえば，むしろ，主題役割と位置の関係の一貫性が失われてしまう可能性が生じる．(5b) の主語位置を「動作主」位置と規定すればどうなるか考えるとよいだろう．目的語位置から移動した the door は対象かつ動作主ということになってしまうのである．

したがって，主語が最終的に現れている TP 指定辞位置は意味機能から切り離されなければならない．ところが，従来「主語」という用語が位置と意味機能の両方をカバーしてきたために，TP 指定辞位置を主語位置とすることで紛らわしさを生じてきたのである．それゆえに，生成文法においては，「主語」という用語が便宜的にこそ使われるが，構造の定義においても主題役割の定義においても有意に用いられることはない．主語は文の主要部である TP 指定辞位置に現れるが，その位置自体は如何なる主題役割とも関連付けられないし，そもそも「主語」という主題役割自体存在しない．

それではどのように指導すればよいのか．具体的方策はさらに検討されなければならないが，少なくとも，「主語が現れる位置」と，「主語になり得る要素」について明確に区別する必要があろう．そして「主語になり得る特定の意

味役割が存在している訳ではなく，主語になり得る要素は各述語が決定している」ことを理解させたい。学生が「動作主」や「状態の主体」といった概念を持って大学に進学していることを踏まえれば，少なくとも高校生レベルにおいて，主題役割やそれに類した概念をもっと明確に導入して，「主語」という用語の持つ二面性を明確に認識させる可能性もあるだろう。受動文だけならともかく，(2-4) のような構文もあることを踏まえれば，「語順上の位置と主題役割に一貫した関係がない」という事実に気づかせない理由はない。

4. VP内主語仮説とその帰結

　本稿においてはこれまで，主語という概念の曖昧さとその指導上の問題点について論じてきた。その重要な目標の一つは，意味機能と構造の関係を整理して理解することである。これを踏まえ，本節においては，「主語」に対する素朴な疑問が，意味機能と構造の分離という理論上きわめて重要なテーマに繋がっていくことを概観する。本節の議論は，5節で議論する副詞の指導法に関する議論の基盤を提供するが，本節での議論そのものを指導の現場に直接落とし込むことは難しいかもしれない。しかし，前節までの議論を踏まえれば当然の議論であり，また，「言葉を教える者」に相応しい「言葉に対する知的関心」として捉えるべきものである。

4.1. 能動文の主語に付与される意味役割と構造上の位置

　前節において，(5b) の主語位置が意味役割と関連付けられないと述べたが，これは受動文の派生においては問題とならないものの，能動文の派生においては重大な問題を引き起こす。受動文の主語は，(5a) に示したように，動詞の目的語位置で主題役割を付与されているが，能動文の主語は文の派生に導入された時から動詞の前の主語位置にあると考えられるからである。この位置が (5b) の主語位置と同じTP指定辞位置であるとすると，能動文の主語は何ら主題役割を持たないことになり，解釈不能となる。さらに，(6) のような助動詞や数量詞が現れた文においては，主語に付与される意味役割の解釈が容易でない。

(6) The students must all finish their assignment. （寺田（2013：58））

　(6)において the students が担う動作主としての役割は動詞との関係で決定され，当然，動詞 finish から付与されると考えられるが，線形順序上両者は離れており，関係付けることは容易でない。助動詞と動詞を束にして考えればよいと思われるかもしれないが，(6)においては助動詞と動詞の間に all が介在しており，しかもこれは the students を修飾しているので，must や finish とまとめて述語とするのは無理である。
　この観察は重要なことを示唆している。つまり，文を解釈するにあたって，線形順序を単に眺めているだけでは十分な解釈はできないのであり，線形順序以上の情報を備えた何かを線形順序の背後に見出さなければならないのである。この要請に応えるのが統語構造である。
　(6)はどのような構造を示唆するのであろうか。まず，先にも述べたように，助動詞と動詞を束にできないのであるから，助動詞は構造上独立した位置を与えられなくてはならない。これがすでに(5b)で示した T(ense) である。助動詞は時制を担うのでそのような名前になっている。その指定辞位置が主題役割と関連付けられないこともすでに述べた通りである。次に主語である。主語はどこで主題役割を付与されるのか。主題役割が動詞との関係で決定されるということと，(6)における all の位置について考えてみると答えが導かれる。つまり，主語は，文派生のいずれかの段階で動詞に近い位置（できれば隣接する場所），そして，(6)における all のような遊離数量詞と修飾関係が構築できるような位置を与えられなければならない。これらを踏まえるとおよそ(7)のような構造が与えられる。近年の分析では(7)の VP を vP と VP に分ける分析が多いが，ここでの議論に関係ないので vP は省略する。VP を vP と VP に分ける分析については **6** 節で概観する。

意味機能・文法機能と構造の関係を整理する　　　　　　　　　　89

(7)
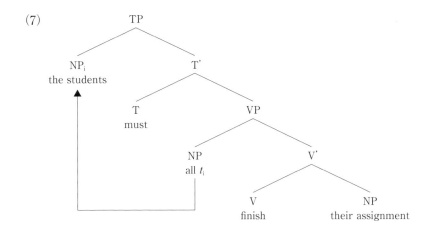

　(7) の構造は「X バー構造」と呼ばれる方式で積み上げられている。簡単に見ると，主要部である V がその補部である NP (the assignment) と併合し，それによってできた V' が指定辞 NP (all t_i) と併合して VP を形成し，さらにそれが T の補部として T と併合し，T も V と同様に階層構造を成していく，といった具合である。主語 the students は VP 指定辞位置 (t_i で表示) で動作主としての主題役割を付与され，all との修飾関係を築いた後，TP 指定辞位置に移動する。ちなみに受動文においては V の補部位置から TP 指定辞位置への移動が起こっている。

　以上のように考えることによって，線形順序上の主語位置である TP 指定辞位置と主題役割を関連付ける必要がなくなる。それが意味するのは，「主語が（最終的に）現れる位置」と「主語としての役割が与えられる位置」が分離されることであり，前節まで論じてきた主語にまつわる曖昧さを排除しつつ，正しい文解釈が可能になるということである。主語をいきなり TP 指定辞位置に併合するのではなく，VP 指定辞位置に併合する仮説は「VP 内主語仮説」と呼ばれる。

　主語の解釈の曖昧さは，文の要素が音声的に（あるいは筆記的に）現れる位置と実際に解釈される位置が異なるように思われることの一例であり。同様の他の現象とあわせ転移 (displacement) と呼ばれている。先にも述べたよう

に，転移はc言語のような人工的言語には見られない現象であり，自然言語研究の中心的課題であり続けてきた。繰り返しになるが，言葉を教える者が当然に持つべき言葉そのものに対する知的関心である。

4.2.（文法）機能範疇

これまで述べてきたように，VP内主語仮説は，主題関係という意味機能と統語構造の関係を整理することに貢献したが，もう一つの重要な意義も見出せるのではなかろうか。それは，述語とそれから主題役割を受ける要素（「項」と呼ばれる）の間の関係をVP内に集約することによって，主題関係（命題内容とも呼ばれる）が与えられる位置と，それに付与される時制や法性といった文法機能が与えられる位置を，文構造上で分離することに成功したことである。(5)（(8)として再掲）の派生を例に具体的に考えてみよう。

(8) a. $[_{TP}\underline{\quad}[_{T'}$ was $[_{VP}$ closed the door$]]]$
 b. $[_{TP}$ the door$_i[_{T'}$ was $[_{VP}$ closed $t_i]]]$

(8b)に示した移動が正しいとすると，次に問われなければならないのは「なぜ移動しなければならないのか」である。「受動文の主語は被動的意味が強調される」といった構文として持ち得る意味が関与する可能性を完全に排除するものではない（生成文法でも，TPの外の領域で，「話題」や「焦点」といった文脈との関わりの強い要素を配置する位置が仮定されている。）が，少なくともTP指定辞位置と意味を関連付けることの危険性はこれまで述べてきた通りである。それでは何が移動を引き起こすのか。

その答えは「主格」や「目的格」といった「格」である（最小主義の枠組みでは格ではなく，「EPP素性」と呼ばれる素性であると考えられているが，その正体については未だに議論が続いている。また教育現場へ容易になじむ概念ではないので，ここでは採用しない。ただし，その考え方については6節で紹介する。）。これは不定詞節の主語と比較してみれば明白であろう。

(9) a. John believes her to be honest.

    b. John make me do it
    c. It is easy for him to solve the problem.

(9a) において不定詞節の主語は her であるが，格は主節主語から目的格を付与されている。不定詞が to を伴わない場合（(9b)）も同様で，不定詞自身には主格付与能力がないことを示している。主語を具現させたければ，(9a, b) のように主節主語から格付与させるか，(9c) のように前置詞（生成文法では「補文標識」と位置付けられる）を用いなければならない。すると，時制文においても主格は動詞自身ではなく時制を持った T が付与すると考えられる。これは主題役割という意味機能を付与する要素（V）と（主）格という文法機能を付与する要素（T）が区別されるべきであることを示している。前者は語彙範疇，後者は機能範疇と呼ばれている。時制に「現在・過去・未来」の意味があると考えるかもしれないが，それらは文法機能上の意味であり過去形や現在形がそれぞれ「過去」や「現在」のように訳されないことに注意されたい。時制はあくまでも動詞の語彙に付着して時を指示するだけである（目的格を付与するのは VP の上位に規定される v であると考えられているが，これについては 6 節で議論する。）。

　本節においては，主語の意味機能と統語構造の関係を整理する手段として VP 内主語仮説を概観し，それが，文構造内で語彙範疇と機能範疇を明確に区別することを可能にすることを示した。次節においてはこの分析が副詞の指導法にもたらす可能性について考察する。

5. 副詞の分布と統語構造

　機能範疇と語彙範疇からなる文構造は，V を主要部とする階層と，T を主要部とする階層が積み上げられたものになっている。これがもたらす新たな分析，指導法の可能性を，副詞を例に考えたい。

5.1. 文副詞と VP 副詞

　小川（2002：212-213）は，副詞を文副詞と VP 副詞に分けた上で，それら

が，生起する位置（文頭，文中，文末）と解釈の違いに基づいて，6つのタイプに細分化されるとしている。

(10) タイプ1：文頭，文中，文末いずれの位置にも生起でき，文頭では文副詞，文末ではVP副詞の解釈を受け，文中ではいずれの解釈も可能である副詞：specially, carefully, truthfully, etc.
 a. Cleverly (,) John dropped his cup of coffee.
 b. John cleverly dropped his cup of coffee.
 c. John dropped his cup of coffee cleverly.　　（Ernst (1984：49)）

(11) タイプ2：文頭，文中，文末のいずれの位置にも生起でき，いずれの位置に生起しても解釈に明確な相違の見られない副詞：quickly, reluctantly, sadly, quietly, immediately, often など。

(12) タイプ3：文頭と文中に生起できる副詞（文副詞）：probably, certainly, apparently, unfortunately, etc.
 a. Evidently Haratio has lost his mind.
 b. Haratio has evidently lost his mind.
 c. *Haratio has lost his mind evidently.　　（Ernst (1984：50)）

(13) タイプ4：文中と文末に生起できる副詞（VP副詞）：completely, easily, totally, altogether, etc.
 a. *Completely, Stanley ate his Wheaties.
 b. Stanley completely ate his Wheaties.
 c. Stanley ate his Wheaties completely.　　（ibid.）

(14) タイプ5：文末にのみ生起できる副詞（VP副詞）：hard, fast, well, more, before, home, terribly, etc.
 a. *Hard John hit Bill.
 b. *John hard hit Bill.

c.　John hit bill hard.　　　　　　　　　（Ernst（1984：51））

(15)　タイプ6：文中にのみ生起できる副詞（VP副詞）：merely, truly, simply, utterly, virtually, hardly, etc.
　　a.　*Merely Albert is being a fool.
　　b.　Albert is merely being a fool.
　　c.　Albert is being a fool merely.　　　　　　　　　（ibid.）

(16)は(10-15)に示した分布特性をまとめたものである。

(16)

	文頭	文中	文末
タイプ1	ok（文副詞）	ok（多義的）	ok（VP副詞）
タイプ2	ok	ok	ok
タイプ3	ok（文副詞）	ok（文副詞）	*
タイプ4	*	ok（VP副詞）	ok（VP副詞）
タイプ5	*	*	ok（VP副詞）
タイプ6	*	ok（VP副詞）	*

　　　　　　　　　　　　　　　　　　　　　（小川（2002：213））

6つのタイプの分布と解釈を個別に覚えなければならないとすれば気の遠くなる話だが，これらは文構造を用いることによってより簡略的に理解できる。(17)においては小川（2002：213）においてIPと表記されているものをTPに修正してある。

(17)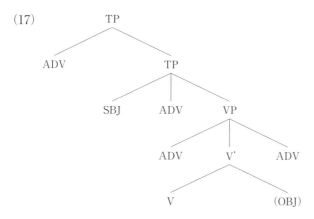

(小川 (2002：213) 一部改)

TPに含まれている副詞 (ADV) を文副詞とし、VPに含まれている副詞をVP副詞とすることで、それぞれの副詞の修飾範囲 (これを作用域という) と生起位置を大まかに把握することができる。(17) に示された各要素をそのまま垂直に下方へ移動し、線形に並べるとよい。文副詞はTPに含まれているので文頭と文中 (SBJとVの間) に現れ、VP副詞は文中と文末に現れる。文中には文副詞とVP副詞の両方が現れ得ることになるので紛らわしいが、逆に考えると、(17) の構造表示は文中の副詞が現に紛らわしいことを適切に捉えていると言える。TPに含まれたADVとVPに含まれたADVが垂直に並び、線形上区別できないからである。

(17) に示した分析には一つ注意しなければならない点があるが、それは逆に、(17) のような構造表示の妥当性を強化することになるだろう。(17) だけでは文副詞が文末に現れることが不可能であると分析されてしまうが、事実は異なる。

(18) Horatio lost his mind, probably.

(Jackendoff (1972：50)；田中 (2009：41))

(18) における文副詞probablyの位置は (17) の最上位にあるTPの右端にADVを付加することで確保されよう。

(19)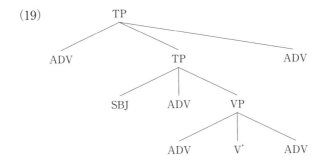

(19) においては，文中と同様に，文末においても文副詞と VP 副詞が現れる可能性が示されている。興味深いのは，文末に現れた副詞について，話者が，それを文副詞か VP 副詞か区別していることである。田中（2009：41）によると，文副詞が文末に現れた場合，休止によって文の残りの部分から切り離されるという。(18) において probably の前に現れているコンマはこれを表記上示したものである。これは，話者が文末に現れた副詞が線形上紛らわしいことを認識している一方で，(19) のような構造を使って文副詞と VP 副詞を明確に区別していることを示唆している。

文中に現れる場合についても機能範疇の構造をより詳細に分析することで，文副詞と VP 副詞を区別できる場合がある。田中（2009：44）によると，(20a) において完了の have の前に現れた副詞 cleverly は文副詞としての解釈しか持ち得ないが，(20b) のように cleverly が have と動詞の間に現れた場合は文副詞と VP 副詞の両方の解釈が可能になるという。

(20) a. John cleverly has answered their questions.
b. John has cleverly answered their questions. （Cinque (1999：19)）

この違いは (21) のような構造の存在を示唆している。

(21)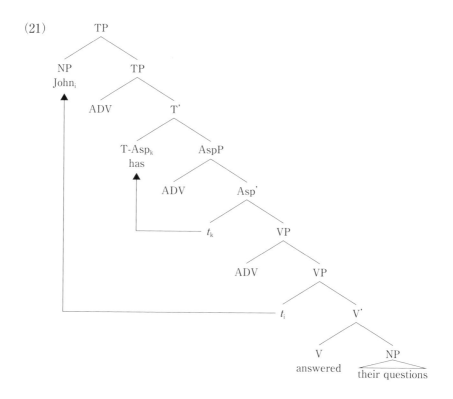

完了の助動詞 have は，(法助動詞の後など) 原形で現れる場合もあり，必ずしも時制と結び付くわけではないので，Asp(ect)P の主要部として併合されてから T に移動する。すると，have と動詞の間には Asp' に付加された ADV (文副詞) と VP に付加された ADV (VP 副詞) の両方が現れる可能性があり，(20b) の副詞の曖昧性が説明される。一方，have に先行する ADV の位置は T' に付加された位置しかないので，(20a) の副詞が文副詞としての解釈しか持ち得ないことが説明される。(20a) における cleverly は，John の答え方ではなく，答えたこと自体が賢明であったというように主語の属性を表すので主語指向の副詞と呼ばれる。

5. 2. 話者指向副詞と階層関係

　このように考えてくると，副詞はその分布を階層関係に依存していることが分かるが，同時に，階層関係が副詞の作用域にも関与している可能性が容易に想像できる。文副詞はVP副詞より作用域が広く，そして階層構造においてVP副詞よりも上位にあるからである。この可能性が事実であることを証明するために，文頭の副詞について考えてみたい。

　前節で観察したcleverlyのような文副詞は主語指向の副詞と呼ばれるが，(18)で見たprobablyのような副詞は，主語について述べているのではなく，文の命題内容に対する話者の主観的判断を表しているので，話者指向の副詞と呼ばれる。線形順序において話者指向の副詞は主語指向の副詞に必ず先行する。

(22)　a.　Probably, Max cleverly was climbing the walls of the garden.
　　　b.　*Cleverly, Max probably was climbing the walls of the garden.
　　　　　　　　　　　　　　　(Jackendoff (1972 : 89); 田中 (2009 : 45))

probablyのような話者指向の副詞は文全体に対する話者の判断を表すので，文の一部である主語について言及する主語指向の副詞より作用域が広い。(23)の階層構造は，話者指向の副詞と主語指向の副詞の線形順序上の関係と作用域上の関係を同時に導くことができる。(23)においては議論に直接関係ない構造を適宜省略している。また，TPとTPに付加された副詞を含む範疇はTPではなく，TPより上位の範疇であるC (omplementizer) Pと仮定しておく。

(23)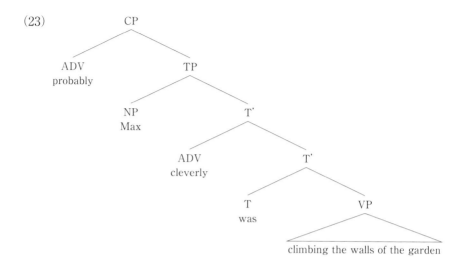

　話者指向の副詞は主語指向の副詞より上位に位置し，また同位でもない（この構造上の関係は構成素統御として概念化されている。）。したがって，話者指向の副詞が主語指向の副詞より広い作用域を取ることが導かれる。その一方で，各要素を垂直に下方に移動し線形に並べれば，話者指向の副詞が主語指向の副詞に先行することが導かれる。

　田中（2009：42-43）によれば，話者指向の副詞は，文の述べ方を表す文体離接詞（style disjunct）と態度離接詞（attitudial disjunct）に下位分類される（Greenbaum (1969)）が，これらの作用域と線形順序における関係も（23）と同様の階層構造から導かれる。(24) に見られるように，文体離接詞は態度離接詞に必ず先行しなければならない。

(24) a.　Frankly, John obviously left early.
　　 b.　*Obviously, John frankly left early.

　　　　　　　　　　　(Schreiber (1972：330)；田中 (2004：43))

　文体離接詞は話者の命題態度を含めた文の述べ方を表すので，文の命題に対する態度を表す態度離接詞よりも作用域が広いと考えられ，それゆえに，構造上，態度離接詞より上位に現れる。したがって，線形上は態度離接詞に先行す

ることになる。

5.3. 副詞の指導

　本節においては，副詞の作用域と線形順序の関係が階層構造を設定することによって導かれることを概観した。副詞の指導と言えば，「動詞や形容詞を修飾する」といった程度で，線形順序上の位置などについては，特殊なものを除いて，詳細には教えられていないと言ってもよいのではなかろうか。そもそも副詞が文副詞と VP 副詞に大別されることを思えば上述の「動詞や形容詞を修飾する」といった説明がいかに大雑把なものであるか理解できよう。しかし，これらの副詞の分布は，文構造を，語彙範疇を主要部とする階層と機能範疇を主要部とする階層に分けることで比較的容易に理解することができる。また，階層構造には上位にある要素ほど先行して現れるという特性があるので，作用域関係が階層構造の上下関係に反映される限りにおいて，線形順序と作用域の対応関係を構造関係から導くことができる。

　指導にあたって構造を持ち出すことは容易でないが，教師が構造を理解した上で，線形順序を使った指導に活かすことはできるはずである。つまり，文の中に動詞を中心とするまとまりと，主語や時制要素（助動詞など）を中心とするまとまりがあり，それらの周辺にそれらを修飾する副詞が現れるという考え方である。そして何よりも，文中から文頭にかけては先行する副詞ほど広い作用域を取るということに目を向けさせたい。（文中から文末にかけては逆になり，広い作用域を取る副詞ほど，後行することになる。）

　さらに，副詞の中に主語を指向するものと話者を指向するものがあることは，指導にあたって踏まえておきたい知識である。話者指向の副詞の位置とその機能は文法がコミュニケーションのために存在することの明らかな証左でもある。probably の訳はどの学生に聞いても答えられるが，それが話者の態度を表していることを説明すると驚かれてしまう。教えられれば簡単な話だが，自然に気が付く感性はおよそない。英語を使うことへの欲求はあるが，言葉そのものへの関心が培われていないことを示すものだが，少なくとも言葉を教える者にとって無くてはならない感性である。

6. 分離VP構造

　本稿を終える前に，ここまで読み進めたら浮かぶであろう知的関心について簡単に触れておきたい。(7)で省略したVPの内部構造についてである。主語の主題役割が付与される位置と格が付与される位置が異なることを説明された時点で，「目的語の主題役と格はどうなるのか」という当然の疑問が浮上する。主題役が付与される位置と格が付与される位置を区別するとすれば目的語の位置は2か所必要になるが，VPの中には目的語の位置が1箇所しかないからである。生成文法における近年の枠組みである最小主義においては，従来のVPをvPとVPの2層に分けることでこの問題に対応している。(25b)は(25a)のvP内の構造を示したものである。

(25) a. John broke the window.
　　 b.

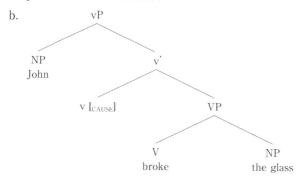

　(25b)においては，VPの上に軽動詞（vで表示）と呼ばれる非顕在的動詞を主要部とするvPを仮定している。すると，目的語はVP内でVによって主題役を付与され，vによって格を付与されることが可能になる。軽動詞とは，(26a)におけるroll the ballを置き換えた(26b)のmake the ball rollにおけるmakeように，語彙的意味を漂白化させ，抽象的な使役を表すものである。(25b)では「CAUSE」で表示している。

(26) a. They will roll the ball down the hill.
　　 b. They will make the ball down the hill. 　　（Radford（2004：265））

　この分析には目的語と主語の格の認可を平行的に履行できるという理論的利点があるが，その一方で注意しなければならないことも存在する。まずは語順の問題である。英語において目的語がvPの指定辞位置に移動してしまうと，主語の場合と異なり，動詞と目的語の語順が入れ替わってしまう。したがって，最小主義においては，目的語も主語も最初から屈折接辞がついた状態で統語構造に併合され，その位置（つまりVP補部位置とvP指定辞位置）においてそれぞれvとTによって格を認可されるとしている。（動詞も屈折した状態で元位置（V）に併合された後，vの接辞性によりvに繰り上がると仮定されている。）そして，目的語はそのままVP補部位置に留まり続ける（移動する理由がないからである）が，主語はTP指定部への移動しなければならない。その移動を駆動するのは，文の主語位置が何らかの顕在的名詞句によって占められていなければならないことを導くEPP素性であると考えられている。
　もう一つ注意しなければならないのは主語が最初に併合される位置である。(25b) に見たように，最小主義の枠組みにおいて主語が最初に併合される位置は，VPの指定部ではなくvPの指定部であると一般に考えられている。するとvは目的語の格を認可すると同時に主語に主題役を付与するという，これまで本稿で分離してきた2つの役割を担うことになる。Chomsky (1995) はvPを機能範疇と仮定しているが，主題役を付与するという点では語彙範疇的であり，vPについてはその位置付けのみならず，解明されなければならない点が多く残されている（北川・上山 (2004：163-164)）。

7. まとめ

　本稿においては，主語という概念の曖昧さがもたらす指導上の問題点から，意味機能と構造の関係を整理する必要性を論じ，VP内主語仮説を導入した。その結果，文構造が語彙範疇と機能範疇のそれぞれの階層からなることを示し，その考え方が副詞の作用域や分布の指導に寄与する可能性を示した。

最後に,本稿での問題設定が,実はもっと素朴な問題意識に起因することについて触れておきたい。(1) のような能動文と受動文の対応を見せられてまず感じなければならないのは,「これらの能動文と受動文は何から何まで全く同じ意味なのだろうか。」ということである。言葉をシステムとして考えた時,何から何まで全く同じ文が2つあるというのは明らかに無駄であり,「そんなことがあるはずはない。」という考えにまず至らなければならない。その疑念は「両者には重複する部分もあるが,どこか違いがあるはずだ」という考えと,「なぜこれらは,全く同じではないにしても,似たような意味を持つのか」という問題意識に展開される。本稿が展開したのは後者の問題意識に基づく議論である。指導現場に許される時間とそこに求められる運用力という目標を考えれば無理からぬところであるが,能動文とそれに対応する受動文を全く同じであるかのごとく丸暗記させるところに,思考力は殆ど働かない。公式を丸暗記させるだけの指導に提起されてきた問題意識と共通することだが,英語教育ではほとんど考慮されて来なかった。むしろ英語教育では排除され,理解を度外視した訓練が奨励されてきた感もある。しかし,少なくとも知性を育んでいるという自覚ある教師であれば,自分自身までもそういう姿勢でいいとは考えないだろう。英語に,そして言葉に関心を持つということが如何なるものか,言葉に対して育むべき感性とは何か,言葉を教える者として当然に持つべき見識とは何か,改めて考えたい。

　無論,大学で教える側も,このような課題が現実として大学の役割になっていることを正視しなければならい。言葉について考えることの意義や知的興味を伝える努力を,とりわけ教職を目指す学生に向けて継続しなければならない。

参考文献

Chomsky, Noam (1995) *The Minimalist Program*, MIT Press, Cambridge, Massachusetts.

Cinque, Guglielmo (1999) *Adverbs and Functional Heads : A Cross-linguistic Perspective*, Oxford University Press, Oxford.

Ernst, Thomas Boyden (1984) *Towards an integrated theory of adverb position in English*, Ph.D. dissertation, Indiana University.

Greenbaum, Sidney (1969) *Studies in English Adverbial Usage*, Longman, London.

Jackendoff, Ray (1972), *Semantic Interpretation in Generative Grammar*, MIT Press, Cambridge, Massachusetts.

北川善久・上山あゆみ (2004)『生成文法の考え方』, 研究社, 東京.

小川芳樹 (2002)「文副詞とVP副詞」, 中村捷・金子義明 (編)『英語の主要構文』, 研究社, 東京, 211-220.

Radford, Andrew (2004) *English Syntax: An Introduction*, Cambridge University Press, Cambridge.

Schreiber, Peter A. (1972) "Style disjuncts and the performative analysis," *Linguistic Inquiry* 3, 321-347.

田中智之 (2004)「副詞」, 田中智之・寺田寛 (著)『英語の構文 (英語学入門講座・第9巻)』, 英潮社, 東京, 41-45.

寺田寛 (2013)「A移動」, 田中智之 (編)『統語論』(朝倉日英対照言語学シリーズ第5巻), 朝倉書店, 東京, 56-79.

第二部　英語史と英語教育の接点

松元　洋介

　第二部は，英語史と英語教育の節点を探る。この部を構成する2つの論文の紹介をしよう。

　最初の論文「助動詞のより深い理解を目指した指導法：英語史と意味の観点から」においては，助動詞の複雑な用法に注目し，それが助動詞の史的発達と，助動詞の意味に関する文法範疇を考慮することで，日本語訳では捉えることが出来ない助動詞の意味の理解を目指す。英語史の事実からわかることは，助動詞のほとんどがその起源が本動詞であり，過去現在動詞という特殊な種類の動詞であったということである。助動詞にまつわる疑問のいくつかは英語史の事実から説明することは可能であるが，その説明は不十分であることを指摘する。その不十分な部分を補完してくれるのが，助動詞の意味に関する特性である。この議論を踏まえ，最後には，助動詞の指導の際に英語教員が伝えるべきことは何かを考える。

　次に掲載する2つの論文「英語の名詞と動詞における「不規則」変化について」においては，タイトルの通り英語の名詞と動詞の不規則変化を英語史の観点から考察している。品詞の不規則変化はただの例外的な現象であり，英語学習においては，「普通とは違う変化をするから注意しろ」という一言で片づけられてしまいそうなものであるが，不規則変化するものだけを集めると，その中にはまた別の規則性が観察される。本論文で観察する英語史の事実は，英語を学習する際に負担を軽減させてくれるような即効性を持つものではない。しかし，英語史を知ることで，現代英語だけ見ていたのでは説明のつかない事象に整合性を与えることが出来，英語学習者の知性に良い刺激を与えてくれる。

著者の考える英語史の魅力は，英語学習者が「なぜ」と感じる疑問点に「なるほど」と納得する答えを与えてくれるという点だ。これは英語史に限った話ではなく，理論言語学を学んだことがある者なら一度は「なるほど」と思ったことがあるのではないだろうか。英語史の良い点としては，理論的背景をあまり知らなくても「なるほど」と納得できる部分が多いということである。（理論言語学は，洗練された理論的道具立てを用いることで説明力が高いという長所がある。）2つの論文は，著者が英語史を学んでいたときに「なるほど，そういう理由でこうなっているのか」と感じた部分をまとめてみたものだ。これらの論文を読むことで，読者も共感を覚えてもらえれば幸いである。

助動詞のより深い理解を目指した指導法
—英語史と意味の観点から—

松元　洋介

1. はじめに：助動詞の意味・用法の複雑さ

　外国語として英語を学習するときに難しいと感じられる点の一つに，一つの単語や表現が多様な意味・用法を持つという点が挙げられる。本章で扱う助動詞もその代表である。高校で実際に使われている英語の教科書である『Vision Quest：English Expression, Standard』（啓林館）によると，助動詞 will/would, can/could, may/might, must, should の意味は以下のように説明されている。

(1) will/would
　　a. I'll do my homework after dinner.　　　　will〈意思〉
　　　 私は夕食後に宿題をするつもりです。　　　「〜するつもりだ」
　　b. I **will** be seventeen next month.　　　　**will**〈未来〉「〜だろう」
　　　 私は来月 17 歳になる。
　　c. My sister **won't** eat vegetables.　　　　will not/won't〈拒絶〉
　　　 私の妹はどうしても野菜を食べようと　　　「どうしても〜しようとし
　　　 しない。　　　　　　　　　　　　　　　　ない」
　　d. "**Will**[**Would**]you open the door？"　　Will[Would]you...？
　　　 "Sure."
　　　 「ドアを開けてくれますか　　　　　　　　〈依頼〉「〜してくれますか
　　　 ［いただけますか］」「いいですよ」　　　　［いただけますか］」
　　e. We **would** often go to the movies？　　　would〈過去の習慣〉
　　　 私たちはよく映画を見に行ったものだ。　　「（よく）〜したものだ」

(2) can/could
  a. She **can** play the piano.   **can**〈能力・可能〉
    彼女はピアノが弾ける。   「～できる」
  b. **Can**[**Could**]I use your cell phone ? **Can**[**Could**]I... ?〈許可〉
    あなたの携帯電話を借りても   「～してもいいですか」
    いいですか。
  c. **Can**[**Could**]you open the door ? **Can**[**Could**]you... ?〈依頼〉
    ドアを開けてくれますか。   「～してくれますか」
  d. An accident **can** happen at any time. **can**〈可能性〉
    事故はいつでも起こり得る。   「～はあり得る」
  e. The rumor **can't** be true.   **can't**〈不可能〉
    そのうわさが本当であるはずがない。 「～のはずがない」

(3) may/might
  a. **May** I ask you a question ?   **may**〈許可〉
    質問してもよろしいですか。   「～してもよい」
  b. He **may**[**might**]be at home.   **may**[**might**]〈推量〉
    彼は家にいるかもしれない。   「～かもしれない」

(4) must
  a. You **must** get some sleep.   **must**〈義務・必要〉
    あなたは少し寝ないといけません。 「～しなければならない」
  b. You **must not** take pictures here. **must not**〈禁止〉
    ここで写真を撮ってはいけません。 「～してはいけない」
  c. He **must** be tired.   **must**〈推量〉
    彼は疲れているに違いない。   「～に違いない」

(5) should
　　a. You **should** be more careful.　　　　　should〈義務・助言〉
　　　　君はもっと気をつけるべきだ。　　　　「〜すべきだ」「〜したほうがいい」」
　　b. They **should** arrive here soon.　　　　should〈推量〉
　　　　彼らはもうすぐ着くはずだ。　　　　　「〜するはずだ」

さらに，これらの意味を簡潔にそして統一的に理解させるために，助動詞にはおよそ2種類の意味があるとして，その意味を(6)のような2通りの日本語訳を以て教わることが多い。それぞれ，前者がある出来事や状態が義務的であるのかそうではないかを表し，後者はある出来事や状態が生じる確信度を表す。

(6) a. will「〜するつもりだ」「〜するだろう」
　　b. can「〜できる」「〜はあり得る」
　　c. may「〜してもよい」「〜するかもしれない」
　　d. must「〜しなければならない」「〜に違いない」
　　e. should「〜するべきだ」「〜に違いない」

(6)のような日本語訳を覚えるのは，助動詞の意味を理解する入り口としては有効かもしれないが，すぐに(6)では対応しきれない意味に遭遇することになる。

(7) a. He **will** talk for an hour or so, and then he will become apologetic about wasting time.〈習慣〉
　　　　彼は小1時間もしゃべっておきながら，時間の浪費を詫びることがよくあります。
　　b. Accidents **will** happen.〈習性・傾向〉
　　　　事故は起こりがちなものだ。

(8) **May** you enjoy many years of happiness！〈祈願〉
　　末永くお幸せに。

(9) a.　If it **should** rain, take the washing in.〈実現可能性の低い条件〉
　　　万一雨が降ったら，洗濯物を取り込んでください。
　　b.　How **should** I know what you said？ I wasn't there.〈驚きなどの感情〉
　　　君の言ったことを私が知っているはずないよ。その場にいなかったのだから。

(cf. 江川 (1991))

will について，先に挙げた (2c) の拒絶「どうしても～しようとしない」の意味や，(7a) の習慣「～することがよくある」の意味，(7b) の習性・傾向「～するものだ」の意味は，(6a) の「～するつもりだ」「～するだろう」という日本語訳とはかけ離れた意味である。また，(8) の祈願の may や (9a) の実現可能性の低い条件の should，(9b) の驚きなどの感情を表す should もまた，それぞれ (6c) の「～してもよい」「～するかもしれない」と (6e) の「～するべきだ」「～に違いない」という日本語訳とはかけ離れた意味である上に，対応する日本語訳をつけるのは不可能と言えるだろう。結局，助動詞の意味を日本語訳で捉えようとすると，意味・用法をたくさん覚えなければいけないという困難に直面することになる。さらに，多様な意味に加え，いくつかの助動詞には言い換えの表現を持つ。

(10) a.　will ＝ be going to「～するだろう」
　　 b.　can ＝ be able to「～することができる」
　　 c.　must ＝ have to「～しなければいけない」

後の議論で詳しく見ていくが，これらの言い換え表現は交替可能な文脈もあるが，助動詞を使うべき文脈や，逆に助動詞を使うべきではない文脈もある。このような助動詞の意味の複雑さに直面すると，学習者はきっと (11) のようなことを疑問に思うことだろう。

(11) a. なぜ助動詞には意味・用法がたくさんあるのか。
    b. それらの意味はどのように関連しているのか。
    c. 複数の意味に共通する意味はないのか。
    d. 助動詞と言い換えの表現との違いはどこから生まれるのか。

意味に関連した助動詞の学習における難しさの一つに，助動詞の過去形の用法が挙げられる。

(12) a. I thought I **could/would/% should/might** see her yesterday, but I had to work late at the office. (%は方言によっては文法的であることを示す。)
    昨日，彼女に会える／会おう／会おう／会うかもしれないと思ったのですが，職場で仕事が遅くなってしまいました。
    b. I asked him to help me, but he **couldn't/wouldn't**.
    私は彼に助けてくれるよう頼んだが，彼は私を助けることができなかった／助けようとしなかった。

(cf. Huddleston and Pullum (2005：57))

(13) a. I **would** gladly meet your mother at the airport and drive her to the hotel.
    喜んでお母さんを空港でお迎えし，ホテルまで車で送りましょう。
(江川 (1991：307))
    b. Anybody *can* do this. Even a child **could** do it. (if he/she tried.)
    こんなことはだれにでもできます。子供だって［やれば］できるでしょう。
(江川 (1991：293))
    c. I **might** be late tonight, so don't wait dinner for me.
    今晩は遅くなるかもしれないから，夕食は私を待たずに先にしなさい。
(江川 (1991：298))

(14) a. **Would/Could** you open the door ? (= (1d), (2d))
　　　ドアを開けていただけますか。

　　b. **Could** I come round and see you for a few minutes ?
　　　お伺いして，少しの時間お会いしてもいいですか

（江川（1991：294））

　　c. **Might** I ask you for your opinion ?
　　　ご意見をお伺いしたいのですが。　　　（江川（1991：298））

(12)にあるように，いわゆる時制の一致や過去時の出来事を述べる場合は，一般動詞や be 動詞と同様に，助動詞の過去形を用いるが，(13)(14)のように，助動詞の過去形が過去の意味を表していない事例もあるのだ。すなわち，(13)において would, could, might を使うことで，過去の出来事を表しているのではなく，推量を示している。また (14a) は依頼，(14b, c) は許可の意味であり，その内容は過去ではなくむしろ現在あるいは未来のことを指している。（同様に，should は shall の過去形であると言われているが，(5)にあるように，述べられている内容は過去のことではない。）また助動詞の過去形に関連して，will, can, may, shall はそれぞれ would, could, might, should という過去形を持つのに対し，must は過去形を持たない。「～しなければならなかった」（過去）は must ではなく had to を用いなければいけない。（ただし，I thought I really must fun.（絶対に勝たなければならないと思った）のように，間接話法などで時制を一致させる場合に限り must を過去に使うことが出来る（江川（1991：299）)。）以上のような助動詞の過去形の用法から，学習者は(15)のような疑問を持つだろう。

(15) a. なぜ助動詞の過去形は過去を表さない場合があるのか。
　　　b. なぜ must には過去形がないのか。

本稿の目標は，英語の助動詞に関する(11)(15)の疑問に対し史的言語学の観点からその解答を導き，さらに助動詞の指導方法について改善案を提示することである。

次節に向かう前に，英語史の時代区分について説明しておく。

(16) 古英語（Old English/OE）　　　　　　450 年〜1100 年
　　　中英語（Middle English/ME）　　　　　1100 年〜1500 年
　　　近代英語（Modern English/ModE）　　　1500 年〜1900 年
　　　現代英語（Present-day English/PE）　　1900 年以降

　古英語は449 年のアングロ・サクソン人のブリテン島への侵攻から始まった。その時にアングロ・サクソン人が持ち込んだ言語が英語のルーツの古英語となるが，さらにこの時代には8 世紀から11 世紀にかけてイギリスに侵入したヴァイキングの話す古ノルド語（Old Norse）の影響もあった。文法の面においては，古英語は名詞，動詞，形容詞が豊かな語形変化をしており，語順が比較的自由であった。古英語と中英語の境には，1066 年のノルマン人によるイングランド征服（Norman Conquest）があり，中英語の時代には大量のフランス語とラテン語の語彙が英語に借入されることとなる。文法の面においては，多くの他言語との接触により語形変化は次第に単純化し，それに伴うように語順の固定化も進んだ。中英語と近代英語の境には，1476 年の印刷術の導入がある。これにより英語の綴り字が統一されるようになったが，その一方で，発音の変化が進行したことで，現代英語に見られる綴り字と発音の乖離が引き起こされた。近代英語期には辞書や英文法書の出版が急速に拡大したことこともあり，大きな文法変化は起こらなかった。20 世紀以降の現代英語は科学技術の発達により更なる語彙の増加を促進させた。

2. 英語史における助動詞の発達

　本節では5 つの主要な助動詞shall/should, can, may, must, will の史的変遷を概観する。いずれの助動詞にも共通するのは，起源は本動詞であり，それぞれの古英語における原形不定詞は scullan, cunnan, magan, motan, willan であった。本動詞として機能していたため，(17) に例示されるように，古英語と中英語においては to 不定詞として現れること，別の助動詞とともに現れること，現在分詞・過去分詞の形式を持つこと，目的語または節を従えることが可能であった。

(17) a. *as infinitives*
　　　 To conne deye is to haue in all tymes his hene redy
　　　 (ME, Warner, 1993：199, Caxton *The Arte and Crafte to knowe Well to Dye* 2)
　 b. *two modals combined*
　　　 &　　hwu　*muge*　we　þone　wcig　*cunnen*？
　　　 and　how　may　we　the　way　can
　　　 'And how can we know the way？'　　　(OE, *Jn* (Warn 30) 14.5)
　 c. *as present particle*
　　　 Se ðe　 bið butan　 willan besmiten oððe se ðe *willende* on slape
　　　 He who is　without will　defiled　or　who willing in sleep
　　　 gefyrenað, singe ＜XXIV＞ sealma
　　　 fornicates, sing　24　　　　psalms
　　　 'Whoever is defiled against his will or who, willingly, fornicates in his sleep, let him sing twenty-four psalms'
　　　　　　　　　　　　　　　　　　(OE, *Conf* 1.1 (Spindler 46))
　 d. *as past particle*
　　　 Wee wolden han gon toward tho trees full gladly, ჳ if wee had *might*　　　(ME, Visser §2042, Mandeville 196. 34)
　 e. *with an object*
　　　 He cwæð þæt he *sceolde* him hundteontig mitten　hwætes.
　　　 He said　 that he owed　him (a) hundred　bushels of -wheat
　　　　　　　　　　　　　　　　　　(OE, *ÆHom* 17 26)
　 f. *with an clause*
　　　 Leof cynehlaford, ic *wille*, þæt þu　beo æt minum gebeorscipe
　　　 dear liege-lord,　I　will　that you be　at my　　 banquet
　　　 'Dear lord, I would like you to be present at my banquet.'
　　　　　　　　　　　　　　　　　　(OE, *ÆHom* 17 (Ass 8) 185)
　　　　　　　　　　　　　　(Fischer and van der Wurff (2006：147-148))

本動詞として機能しつつも，古英語で既に助動詞の用法を確立させつつあった。さらに，英語史の中で完全に助動詞として発達するまでに意味も多様化させていった。保坂（2014）はこの一連の変化を文法化の視点から考察している。文法化とは（18）のように定義される。

(18) 名詞や副詞といった自立した語が，文法的な役割を持つ冠詞や接続詞等に変化し，やがて他の単語の一部として機能する接辞（屈折語尾等）となり，最終的にその形態を失っていくという過程（保坂（2014：2））

その際に，もともとあった意味が希薄化し，ほとんどの意味が漂白した状態で，文法的語や接辞になるという過程がある。英語の助動詞はいずれもその形態を失うまで至っていないため部分的な過程である。また，保坂（2014：78）によると，英語の助動詞の文法化は（19）の意味変化をたどっている。

(19) 主語の視点＞話者の視点＞対人的視点

主語の視点とは，文の主語に関わる意味であり，can の「能力」や will の「意志」がそれにあたる。話者の視点とは，話し手の心的態度が表されている部分で，can と may の「可能性」，will の「未来」などが典型的な例であるが，以下の例のように，may の「祈願」「譲歩」や目的節内の can と may も，話者の心的態度を表しており，話者の視点と考えられる。

(20) a. *May* you enjoy many years of happiness！（＝(8)）
b. Difficult though it *may* seem, it can be done. （保坂（2014：76））
c. Talk louder so that I *can/may* hear you. （保坂（2014：77））

(19)の変化は文法化全般に観察される命題的＞主観的＞対人的という意味変化の一方向性に沿っている。以下では，各助動詞の古英語における意味と用法を確認し，それらの文法化の過程を観察する。

まず，shall（OE sculan）の本動詞としての意味は「負うている（to owe (money)）」であり，助動詞としての意味は「義務（obligation）」「必然（necessity）」であった。（古英語と同じゲルマン語派に属するドイツ語では「借金」に Schuld という単語を用いるが，これは英語の should と同根語であ

る（渡部（1983：104））。(18a) は本動詞，(18b) は助動詞の例である。

(21) a. hu   mycel *scealt* þu   minum hlaforde
         how much owe   you my   master
         'how much do you owe my master？'

(*Luke* 16, 5 ／ 小野・中尾（1980：447））

b. He *sceal* geleornian ðæt he gewunige to singallecum gebedum
     he must learn   that he accustom to incessant   prayer
     'He must learn to accustom himself to incessant prayer.'

(*CP* 61, 20 ／ 小野・中尾（1980：447））

本動詞の用法は 15 世紀前半まで残っていた。一方，shall (ME shal) は「未来 (future)」「意志 (volition)」の意味を持ち始め，「義務 (obligation)」の意味は should (ME sholde) に取ってかわられるようになった。さらに，中英語以降，should が仮定法現在形の屈折語尾の衰退を補うために使用された。（この should は (9) に挙げた，対応する日本語訳をつけるのが困難である should として残っている。）shall/should の文法化の過程は以下のようになる。

(22) shall/should の文法化
    〈意味変化〉

```
OE                      ME              ModE
sceal ─────────────→ shal ──────→ Ø
負う      sceal ──────────→ shal/sholde ──→ should 義務  ⎫
          義務（主語の視点）                              ⎪
      ↘  sceal ──────────→ shal ────────→ shall 未来    ⎬ ⇒ 助動詞
          未来（話者の視点）                              ⎪
                          sholde ──────→ should 仮定法代用⎭
                          仮定法代用（話者の視点）
```

〈構造変化〉
    [$_{VP}$ sceal [$_{VP}$...]] → [$_{IP}$ [$_{I'}$ shall/should [$_{VP}$...]]]

次に，can (OE cunnan) の本動詞としての意味は「知る (to know)」であ

り，助動詞としての意味は「知的能力（to know how to）」であった。（can (OE cunnan) と know（OE cnawan）は語源的にもつながっている。）(19a)は本動詞，(19b) は助動詞の例である。

(23) a. Soþ ic eow secge, ne *cann* ic eow
　　　　truly I you say　　not know I you
　　　　'Truly I tell you, I don't know you'
　　　　　　　　　　　　　　　　　　　（WSG, Mt 25.12 / 保坂（2014：79））
　　　b. *cunne* ge　afandian heofones ansyne and eorþan；...
　　　　know　you discern　heaven's face　　and earth's
　　　　'You know how to interpret the appearance of earth and sky
　　　　　　　　　　　　　　　　　　　（WSG, Mt 25.12 / 保坂（2014：80））

(19a) は代名詞 eow を目的語に取り，(19b) では不定詞 afandian を補部として取っている。本動詞の用法は初期近代英語まで続いた。一方，中英語以降，助動詞は「知的能力」から一般的な「能力（ability）」の意味を持つようになった。また，「可能性（possibility）」の意味は中英語ではまれであり，近代英語になり確立した。can の文法化の過程は以下のようになる。

(24) can の文法化

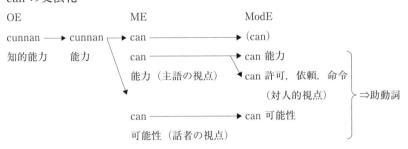

〈構造変化〉
　　[$_{VP}$ cunnan [$_{VP}$...]]→[$_{IP}$ [$_{I'}$ can [$_{VP}$...]]]

may（OE magan）の本動詞としての意味は「力がある，能力がある（to be strong, to have power）」であり，助動詞は「能力（ability）」であった。また

may と might は語源的には名詞の might「力」と関連している（渡部（1983：103））。(25a) は本動詞，(25b) は助動詞の例である。

(25) a. and helle gatu ne *magon*　　ongen ta
　　　and hell's gates not have power against it
　　　'and the gates of Hades will not prevail against it'
　　　　　　　　　　　　　　　　　（WSG, Mt 16.18 ／ 保坂（2014：79））
　　b. Nis　nan ting　of　　þam men on　hine gangende þæt hine
　　　 not is no　thing out of the　man into him　going　　that him
　　　 besmitan *mage*；
　　　 defile　　be able to
　　　 'there is nothing outside a person that by going in can defile, but
　　　 the things that come out are what defile'
　　　　　　　　　　　　　　　　　（WSG, Mk 7.15 ／ 保坂（2014：80））

本動詞の用法は後期中英語で廃れた。他方，助動詞の「能力」の意味は近代英語まで残るが現代英語においては can に取って変わられている。また，中英語以降「可能性（possibility）」「許可（permission）」の意味を持ち始めた。(3a) のような「許可」の意味は古英語，中英語では少なく，近代英語以降増加した。さらに，古英語で既に may は仮定法の代用表現の萌芽をもっていた。以下は古英語におけるその例である。

(26) þæt　　hig　*mihton* hine niman
　　 so that they might　him arrest　　　　　　　　（WSG, Jn 11.57）
　　（彼らが彼を捕らえるために）　　　　　　　　　（保坂（2014：83））

may の文法化の過程は以下のようになる。

(27) may の文法化
   〈意味変化〉

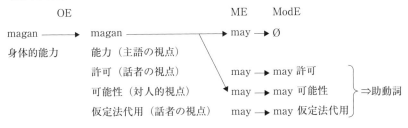

   〈構造変化〉
   [VP magan [VP...]] → [IP [I' may [VP...]]]

must の起源である motan は古英語で既に助動詞の用法しか残っていなかった。

(28) Min fæder, *mot* ic þe ohtes ahsian
   my father, may I you others ask
   'My father, may I ask something from you?'
   (*Bede* 266, 21／小野・中尾（1980：453））

古英語における意味は「許可（permission）」や「可能性（possibility）」であり，現代英語の may に近かったが，中英語になり，現代英語の「義務（obligation）」の意味を持つようになった。must の文法化の過程は以下のようになる。

(29) must の文法化
   〈意味変化〉

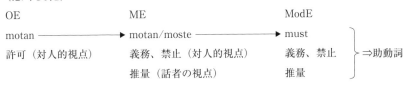

   〈構造変化〉
   [VP/IP motan [VP...]] → [IP [I' motan [VP...]]]

ここで注意しておきたいのは，他の助動詞とは異なり，must (OE motan) の原義「許可」は対人的視点を表すものであり，話者の視点を表す「推量」の意味は後から生まれているため，意味変化の一方向性とは矛盾するという点だ。(must の「義務 (obligation)」「必然 (necessity)」の意味の成立については定説がない（小野・中尾 (1980：454))。) この問題は今後の研究課題とする。
　最後に過去現在動詞ではなかった will (OE willan) の例を見る。本動詞 willan の意味は「欲する (wish)」で，助動詞は「意志 (volition)」であった。

(30) a. he geornor *wolde* sibbe wið hiene þonne gewinn
　　　　he willingly would piece with him　than　war
　　　　'he would rather have peace with him than war'
$$\text{(}Or\text{ 96, 18／小野・中尾（1980：450))}$$
　　b. he *wolde*　adræfan anne æþeling
　　　　he wished expel　　a　　prince
　　　　'he wished to expel a prince'
$$\text{(}ChronA\text{ 46, 26 (755)／小野・中尾（1980：450))}$$

中英語になると「意志 (volition)」から，「依頼」「命令」の意味が生じた。また，近代英語において，本動詞の用法はほとんど廃れたが以下のような例はその名残として見受けられる。

(31) God *wills* the happiness of all people.
　　　（神はすべての人々が幸せになることを望む）　　　（保坂（2014：85))

will の文法化の過程は以下のようになる。

(32) will の文法化
  〈意味変化〉

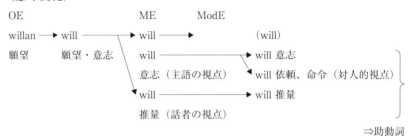

  〈構造変化〉
  [_VP willan [_VP...]] → [_IP [_I' will [_VP...]]]

ここで構造の変化に注目すると，助動詞の文法化は VP から IP への再分析ということになる。この再分析が引き起こされる要因として考えられるのが，動詞の（特に）仮定法屈折語尾の消失である。動詞の屈折語尾が豊かであった古英語期は，人称，数，時制だけでなく，直説法・仮定法・命令法といった法も屈折語尾により表していた。従って，以下の例が示すように，同じ動詞を用いた場合でも，その伝達内容に違いが生じていた。

(33) a. ic him   sægde þæt he for-ealdod *wære*.
        I to him said   that he grown old were ［仮定法］
        （私は彼に「彼もずいぶん大きくなった」と言った。）
     b. he hiere   sægde on hwæm his strenguþu *wæs*.
        he to her said   in which his strength was   ［直説法］
        （私は彼女に自分の力の源がどこにあるのかを語った。）
                        (cf. Sweet (1953：52, 53)，保坂（2014：75））

(33a) は仮定法を用いることで，「彼が成長した」という内容を，その客観的審議に関わらず，話者の主観として伝えているのに対し，(34b) は直説法を用いることで「彼の力がどこかにある」ということを客観的事実として捉え，間接疑問文を作っている。このような屈折語尾は IP の主要部 I (Inflection の

略）を占めていたが，屈折語尾の消失により，その位置を助動詞が占めることとなった。

それでは，shall/should, can, may, must, will には本動詞であった古英語期にどのような共通点を持っていたのだろうか。will を除く現代英語の助動詞は古英語において「過去現在動詞（preterite present verb）」に属していた。過去現在動詞とは以下のように定義される。

(34) 古英語になる前の時代に過去形であった動詞が，現在形であると解釈されるようになり，そこから新たに過去形が作られた動詞

(橋本 (2005：139))

これらの動詞の古英語における活用形と現代英語との関係は下表に示される現代英語の基になった語形には下線付き太字で示してある。

不定詞	現在・単数 1・3人称	現在・複数	過去・単数 1・3人称	現代英語
sculan	**sceal**	sculon	**scolde**	shall/should
cunnan	**cann**	cunnon	cuðe	can
magan	**mæg**	magon	mihte	may
motan	mot	motan	**moste**	must
willan	**wille**	woldon	wolde	will

(cf. 橋本 (2005：139, 144))

ここで注目すべき点は，現代英語の must は対応する過去現在動詞の過去形が起源になっているということである。すなわち，must は元々過去形であったものが現在形として再解釈され現代英語に残っているということだ。

このことを踏まえると，1節で挙げた疑問の一つ「なぜ must には過去形がないのだろうか」に以下のような解答を与えることができるだろう。

(35) must は古英語において新たに作られた過去形であるために，さらに現代英語において過去形を作ることは許されない。

(cf. 橋本 (2005：140))

しかし，must が過去現在動詞に由来するという事実を考慮すると，(35) の説

明は自己矛盾に陥っており，説得力を欠いている。というのも，(34) の定義にあるように，過去現在動詞が古英語以前に過去形であった動詞が現在形であると解釈されるようになり，そこから新たに過去形が作られたのであれば，古英語から現代英語に至るまでの約1000年もの間に，同じように must に**新たな過去形が作られる可能性を否定できない**ためである。従って，must に過去形がないのには，「元々過去形であった」という以外の理由が必要になってくるだろう。

3. 助動詞と法性

3.1. must に過去形がない理由

前節で英語史の事実から導き出した must に過去形がない理由 (18) は不十分であることを見たが，本節ではその理由を助動詞の意味から導き出すことを試みる。1節で助動詞が様々な意味を表すことを見たが，これらの意味は助動詞の持つ法性 (modality) により生じている。(この点から，will/would, shall/should, can/could, may/might, must, ought to, need, dare, used to は法助動詞と呼ばれる。本稿は，中学校・高校の英語の指導法を考慮に入れ，敢えて法助動詞という呼称は使わないこととする。) 法性とは以下のように定義される。(太字は著者による。)

(36) 法性は，事態 (=出来事／状態) が生じる可能性についての確信の度合いや，事態の発生をどのように捉えているか，といった**話し手の心的態度**を表すものである。　　　　　　　　(東 (2012：81))

1節で挙げた例をもとに考えてみよう。

(37) a. It may rain tomorrow.〈推量〉　　　　(= (3a))
　　　(明日は雨が降るかもしれない)
　　b. The work must be rather hard for him.〈必然〉　(= (4a))
　　　(その仕事は彼にはかなり難しいにちがいない)

(38) a. You may leave now for lunch, but hurry back〈許可〉　　（=（3b））
　　　（もう昼食に行ってもいいが，急いで戻りなさい）
　　b. You must study hard every day.〈義務〉　　　　　　　（=（4b））
　　　（あなたは勉強しなければいけない）

　(37a) において，may は話し手が It-rain-tomorrow という命題の事実性について「そうかもしれない」と捉えていることを示している。同様に，(37b) において，must は命題（The-work-be-rather-hard-for-him）の事実性について，話し手が「きっとそうにちがいない」と確信していることを示している。一方，(21b) の may は You-leave-now-for-lunch によって表される状況を聞き手が許可していることを示す。同様に，(21b) の must は，You-study-hard-every-day という状況の実現を話し手が聞き手に求めていることを表している。

　助動詞には法性がある，すなわち話し手の心的態度が含まれているということを確認したが，実はこれこそが「なぜ must には過去形がないのだろうか」という疑問を解決する鍵となる。must とほぼ同じ意味を持つ have to と比較して考えてみよう。must も have to も「～しなければいけない」と訳され，主語に対して義務を課す表現になるが，must には法性（話し手の心的態度）が表れるのに対し，have to には法性は表れない。言い換えると，must による義務は話し手の課す主観的要因に基づいているのに対し，have to による義務は話し手の思惑とは無関係な，周囲の事情などの客観的な要因に基づいている。実際，安井（1996）は二者の区別について以下のように説明している。

(39) a. My daughter *must* be back by ten o'clock.
　　　［話し手の見地からの強制］
　　　（娘は 10 時までに戻ってなければならぬ。）
　　　［父親が娘の夜の外出を案じて言っているような場合］
　　b. My daughter *has* to be back by ten o'clock.
　　　［外的事情による強制］
　　　（娘は 10 時までに戻ってなければならぬ。）

［父親が娘の夜の外出を案じて言っているような場合］
(安井 (1996：188))

must において，話し手が義務を課すということは，言わば主語に対して**命令をしている**のと同じ意味と取れるだろう。当たり前のことであるが，**命令する内容というのは発話時（あるいはそれ以降）のことであり，そもそも過去のことに言及のしようがないのである**。これが must に過去形がない理由となる。これに対して，have to による義務は客観的なものであり，過去形にして過去のことを述べることに問題はないのである。ought (to) もまた「〜するべきだ」という義務の意味であるが，これに過去形がないことも同じ理由であると考えられる。従って，must に過去形がない理由は以下のように述べられる。

(40) must を使って義務を課す場合，命令をするのと同じ意味になり，現在のことにしか言及できないため。

3.2. 助動詞の言い換え表現

1節において，いくつかの助動詞には言い換え表現があるということを指摘した。その中で must と have to については，前節で法性をもとに両者の違いを導き出した。本節ではさらに will と be going to の違い，can と be able to の意味的違いについて同じく法性を基づいて説明を与える。

まず will と be going to について考察する。まず「未来」の意味について，will は話し手の単なる予測であり，近い未来でも遠い未来でも表すことが出来るのに対し，be going to はすでに何らかの兆候があることを前提としており，近い未来を表すのが普通である。以下の対比を見よ。

(41) a. He will get better.（［そのうちに］よくなるだろう）
  b. He is going to get better.（［じきに］よくなるだろう）

(江川 (1991：222))

(24a) は「医者がいいから／手当がいいから」という気持ちを含むのに対して，(24b) は「熱が下がったから／食欲が出たから」というような兆候があることを含意する。この違いは法性の有無に帰することが出来る。つまり，

will の未来は話し手の主観に基づくものであるために，その未来に至る兆候は含意されないのである。一方，be going to の未来は，話し手の判断ではないために，客観的な兆候があることを聞き手に思わせるのだ。また，「意志」の場合，will はその場の状況に応じた意図を表すのに対し，be going to は発話の時点よりも前から（あらかじめ）考えていた意図を表す。次の対比を見よ。

(42) There is no milk in the refrigerator.（冷蔵庫に牛乳がないよ）
  a. I'll get some today.（［じゃあ］今日買ってきましょう）
  b. I'm going to get some today.（今日買ってくるつもりなのよ）

(江川 (1991：222))

(42a) は牛乳がないという発言を受けて，買いに行くつもりになったのに対し，(42b) は牛乳がないことを知っていて，買いに行くつもりであったのである。ここでも同様に，法性を含む will は話し手の発話時の意思が反映されており，法性を含まない be going to の意思はそこに至る客観的な兆候があることをほのめかしているのである。be going to が何か兆候があることを示すのは，法性が含まれていないことに加えて，英語史において be going to が成句として確立した過程が関連している。Hopper and Traugott (2003) を参照。

次に can と be able to を考察しよう。どちらも「能力」「可能」の意味を持つが，一般的に言って，can が状態的であり話し言葉で多く用いられるのに対し，be able to動的・事実的であり，やや改まった書き言葉で多く用いられる傾向がある。明確に違いが生じるのは，過去における能力，可能についてである。過去において実際に成し遂げられた1回限りの事柄を表すのに，could を用いることは出来ない。

(43) a. *He ran fast, and could catch the bus.
  b. He ran fast, and was able to catch the bus.
    （彼は速く走った。それでバスに間に合った）（安井 (1996：183)）

この違いも法性を考慮することで説明されるが，can/could による能力，可能がどのような性質であるかを知る必要がある。2節で確認したように，can (OE cunnan) の本動詞の意味は「知的能力 (know how to)」であり，そこか

ら「能力」「可能」が派生した。本来の意味が「やり方を知っている」であることを踏まえると，can/could が表す能力，可能は，**潜在的な能力，可能**と考えるのが正確だろう。従って，法性を持つ can/could の場合，話し手が能力，可能を判断しているが，あくまで潜在的であり，実際にすることが出来たかを述べるのには適さないのだ。これに対し，be able to は法性を含まないので，実際にすることが出来たと述べることが出来るのだ。

4. 法性と時制

1 節において，助動詞についての疑問の一つとして，「なぜ助動詞の過去形は過去の意味を表さない場合があるのか」というものを挙げた。関連する例文を再掲する。

(44) a. You couldn't be hungry. You've just had lunch.
    (君はお腹がすいているはずがない。昼食をすませたばかりだもの)
   b. Could I come round and see you for a few minutes ?
    (お伺いして，少しの時間お会いしてもいいですか)

(江川 (1991：294))

(44) はいずれも過去形の could (n't) が用いられているにもかかわらず，過去のことに言及していない。現在形 can ('t) との違いは，**過去形を使うことによって話し手の控えめな気持ちが込められ，表現が和らぐ**という点である。つまり，(44a) において couldn't により話し手の推量が表れているが，can't に比べると確信度は低い。(44b) においては could を用いて依頼をしているが，can に比べると丁寧な頼み方となっている。本節では，助動詞の持つ法性と時制との関係を詳しく考察し，助動詞の過去形についての問題点の解決を試みる。

まず助動詞の法制について改めて考察しよう。法性とは，事態（＝出来事／状態）が生じる可能性についての確信の度合いや，事態の発生をどのように捉えているか，といった話し手の心的態度を表すものである。従って，話し手にとってその事態は実際に起こっておらず，現実とはかけ離れている。その意味

において，法性の定義は以下のように言い換えることが出来る。

> (45) 法性とは，事態が生じる可能性についての確信の度合いや，事態の発生をどのように捉えているか，といった話し手の**事態に対する現実との心的距離感**を表すものである。

このように考えると，例えば，「確信」を示す must や should を用いるとき，話し手の事態に対する現実との心的距離感は近く，「推量」を示す can や may を用いるとき，話し手の事態に対する心的距離はそれよりも遠いということになる。

次に時制について考察しよう。時制とは以下のように定義される。

> (46) 「時制」は，ある動作・状態が発話時よりも前か後か，それとも同時かという時間関係を，動詞の形式によって表す文法範疇（grammatical category）である。　　　　　　　　　　　　　（安藤（2005：68））

この定義に鑑みると，英語の時制は現在時制と過去時制の二種類のみで，未来時制は存在しない。というのは，時制は動詞の形式により示されるもので，英語には動詞の形式による未来時の表現方法がないためである。（英語に未来時制があると認める人もいるが，ここではその立場は取らない。）現在時制は現在や未来を表し，過去時制は過去を表すということになるが，必ずしもそうならない場合がある。以下の例を見よ。

> (47) a. Lincoln **stands** with his head bowed. He **looks up** and begins to speak. It is evident that he is under the sway of strong emotion.
> （リンカーンは頭を垂れて立っている。やがて頭を上げて口を切った。明らかに何か激しい感情に揺さぶられています）
> b. I was just falling asleep in bed when my wife **rushes** in shutting that the house next door is on fire.
> （ベッドで寝入ろうとしていると，妻が飛び込んで来て，隣の家が火事だと叫ぶのです）　　　　　　　　　　（江川（1991：210））

(47)において，現在時制が表れているが，述べられている内容は過去のこと

である。さらに（47b）においては，最初過去時制を用いているにもかかわらず，途中で現在時制に変わっている。これは物語などで**過去の事柄をあたかも眼前の出来事のように伝える**場合に用いられ，歴史的現在（Historic Present）と呼ばれる。この例から，**現在時制を用いるか過去時制を用いるかは，実際の出来事の起こった時間よりも，話し手の判断に依存している**ということが分かる。従って，時制の定義は以下のように言い換えられよう。

 （48）「時制」は，ある動作・状態が発話時から時間的に離れているかどうかという話し手の心的距離を，動詞の形式によって表す文法範疇である。

これを踏まえると，**過去時制の本質は話し手がある動作・状態を心理的に（時間的に）距離があると捉えている**ということになる。

 ここまでの議論を踏まえると，法性と時制はどちらも話し手の心的距離感を表すということになり，「なぜ助動詞の過去形は過去の意味を表さない場合があるのか」という疑問に対する解答が得られる。すなわち，**過去形の助動詞において，時制の表す話し手の心的距離感が時に反映されれば過去の意味になり，事態の生起の可能性や捉え方に反映されれば話し手の控えめな気持ちを表すことになる**。

 助動詞の過去形についての疑問を解決するために，助動詞と時制を話し手の心的距離感を示す要素として同等に扱ってきた。このような考えはLangacker(1991)の提唱する認知文法（cognitive grammar）の節のグラウンディング（grounding）分析にとって重要な役割を果たしている。グラウンディングとは，発話場面（これをグラウンド（ground）と呼ぶ）に言語表現を位置づける認知上の操作のことで，名詞類と定形節に生じる。この枠組みにおいては，法性と時制は節を発話場面のどこに位置付けるかを決定する要素であり，グラウンディング要素として同等に扱われている。（名詞類のグラウンディング要素には冠詞や指示詞，数量詞，所有格などが含まれる。）Langackerは以下のような図に基づいて説明をしている。

(49) Basic Epistemic Model

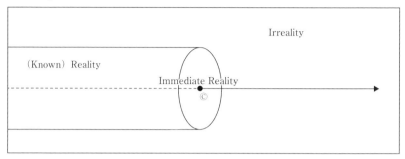

(Langacker (1991：242))

定形節は必ず時制を持つが，現在時制の場合，発話の参加者である話し手と聞き手（概念化者（Ⓒ：conceptualizer））は事態を発話時（即時的現実（immediate reality））に位置付け，過去時制の場合，円柱内だが発話時からは離れた既知の現実（known reality）に位置付ける。定形節に法性を持つ助動詞があると，事態は円柱外の（即時的現実からは距離がある）非現実（irreality）のどこかへ位置付けられる。すなわち，グラウンディングのモデルにおいても，法性や時制を用いることで，その事態は話し手にとって心理的な隔たりがあることを含意しているのだ。

5. 終わりに

　本稿は，英語の助動詞にまつわる疑問を取りあげ，英語史と意味の観点から解決を試みた。具体的には，2節で古英語では本動詞だったものが助動詞の地位を確立する中で意味を多様化させていったことを確認した後，must が過去形を持たないのは，それらが古英語において新たに作られた過去形であるために，さらに現代英語において過去形を作るのは許されないためであると論じた。しかし，その理由は不十分であることを指摘し，3節では助動詞の持つ法性から導き出した。また，助動詞とその言い換え表現との違いも法制から導きだした。4節ではさらに，法性と時制との関係を明らかにすることで，過去形

の助動詞についての疑問を解決した。

　さて，ここでの論考は英語教育にどのように貢献することが出来るだろうか。一つの表現が複数の意味・用法を持つ助動詞であるが，指導する際には，それらの日本語訳を暗記させることに終始させるのではなく，それらの意味は核となる意味から派生していること，それが話者の心的態度を表しているということを学習者に意識させることに努めるべきだろう。例えば，助動詞canの意味・用法を指導する際には，「～できる」「～かもしれない」「～してもよい」といった日本語訳だけを教えるのではなく，canの本来の意味は「知的能力」であり，それが様々な意味に派生していっていると意識させるべきである。また，mustは「～してはいけない」という日本語訳のみを教えるのではなく，そこには「話し手が命令をしている」という含みがあることを教えるべきである。このような日本語訳からだけでは分からない意味を意識することで，助動詞への理解は深まっていくだろう。

参考文献

安藤貞雄（2005）『現代英文法講義』，開拓社，東京．
江川泰一郎（1991）『英文法解説　改訂三版』，金子書房，東京．
Fischer, Olga and Wim van der Wurff (2006) "Syntax," *A History of the English Language*, ed. by Richard Hogg and David Denison, Cambruidge University Press, Cambridge, 109-198.
橋本功（2005）『英語史入門』，慶應義塾大学出版会，東京．
東博通（2012）「第4章：文の意味II」，中野弘三（編）『意味論』，朝倉書店，東京，88-105.
Huddleston, Rodney and Geoffery K. Pullum (2002) *The Cambridge Grammar of the English Language*, Cambridge University Press, Cambridge.
保坂道雄（2014）『文法化する英語』，開拓社，東京．
Langacker, Ronald (1991) *Foundations of Cognitive Grammar*：*Volume II Descriptive Application*, Stanford University Press, Stanford.
小野茂・中尾俊夫（1980）『英語史I』，大修館書店，東京．
Sweet, Henry (1953) *Anglo-Saxon Primer*, 9th ed. (rev.) N.Davis, Clarendon

Press, Oxford.
宇賀治正朋（2000）『英語史』，開拓社，東京．
安井稔（1996）『改訂版　英文法総覧』，開拓社，東京．
渡部昇一（1983）『英語の歴史』，大修館書店，東京．

英語の名詞と動詞における「不規則」変化について

松元　洋介

1. はじめに

　どんな規則にでも例外が存在するというのはよく言われることであり，英語にもそれは当てはまる。例えば，名詞を複数形にする場合は語尾に - (e)s をつけるというのが規則的であり，- (e)s を用いない child-children や mouse-mice や，単数と複数が同じ形式である deer や sheep は例外として扱われる。同様のことは動詞にも当てはまる。大半の動詞は，過去形，過去分詞と変化させる場合に語尾に -ed をつけ，これが規則的である。一方，例外に当たるのが，例えば，write だろう。write-wrote-written と変化し，規則に従っていない。

　英語教育において，こうした名詞や動詞の不規則変化というのは，「普通とは違うから注意しろ」の一言で片づけられてしまいそうなものだ。しかし，よく注目すると不規則とは言いながらも，例えば write-wrote-written, ride-rode-ridden のように，何かしらの規則性を見出すことが出来る。本章では，英語史における名詞と動詞の語形変化とその名残を詳細に観察することで，英語教員と学生の両方にとって英語という言語への理解が深まるということを主張したい。

2. 名詞の語形変化の歴史

　古英語の名詞は性，格，数という三つの文法範疇で語形変化をしていた。古英語のすべての名詞は，男性，中性，女性という三つの文法上の性があり，名詞は必ずこれらのうちのどれかに属する。文法性というのは自然界における男性・女性という性別を示す自然性と区別するために言語学において使用される

用語である。そのため，文法性と自然性は別物であり，同じ場合もあるが，両者が必ずしも一致するとは限らない。例として，mona（＝moon）のように無生物名詞であっても古英語では男性として扱われ，wif（＝wife）は中性，sunne（＝sun）は女性という具合で成り立っていた。また，中性名詞であったwifeは現代英語では女性名詞に変化し，時の経過に伴い，英語の名詞が文法性から自然性へと変化していったこと。さらに，古英語の祖先であるインド・ヨーロッパ祖語の時代には，名詞も含め，形容詞，指示詞などに関して，次の八つの格が区別されていた。主格，属格，与格，対格，奪格，具格，位格，呼格である。このうち，古英語の名詞には主格，属格，与格，対格の四つの格が認められていた。古英語期には格変化の体系はかなりの程度で存在していたが，中英語期にはほとんど失って現在に至っているという特徴がある。しかし，属格に関しては例外であり，現代英語の所有を示す -'s は古英語の属格の語尾に由来している。また，方法や材料を示す具格は，古英語の名詞の場合には与格がその機能を兼ねていたが，名残と言える表現が現代英語にも観察される。そして，性，格と並行して，数の範疇も存在し，これは単数と複数の二つの数で活用する。古英語の男性・中性・女性の各名詞は数・格の区別に従い語形変化し，その際に典型的な変化の型として，強変化・弱変化の二つの変化が存在した。このほかにも後に紹介するウムラウト変化があった。これらのうち，強変化が最も優勢であり，古英語の名詞全体の半分以上がこのクラスに属した。

　以下からは三つの変化の代表的な型を述べていくことにする。まずは強変化名詞の典型的な型である。

　強変化男性名詞：stan（PE：stone）

	単数	複数
主格	stan	stanas
属格	stanes	stana
与格	stane	stanum
対格	stan	stanas

（児馬（1996：33））

強変化中性名詞：scip (ship), hus (house)

	単数		複数	
主格	scip,	hus	scipu,	hus
属格	scipes,	huses	scipa,	husa
与格	scipe,	huse	scipum,	husum
対格	scip,	hus	scipu,	hus

（児馬（1996：33））

強変化女性名詞：lufu (love), synn (sin)

	単数		複数	
主格	lufu,	synn	lufa,	synna
属格	lufe,	synne	lufa,	synna (-ena)
与格	lufe,	synne	lufum,	synnum
対格	lufe,	synne	lufa,	synna

（児馬（1996：33））

弱変化男性名詞：nama (name)

	単数	複数
主格	nama	naman
属格	naman	namena
与格	naman	namum
対格	naman	naman

（児馬（1996：33））

弱変化中性名詞：eage (eye)

	単数	複数
主格	eage	eagan
属格	eagan	eagena
与格	eagan	eagum
対格	eage	eagan

（児馬（1996：34））

弱変化女性名詞：sunne（sun）

	単数	複数
主格	sunne	sunnan
属格	sunnan	sunnena
与格	sunnan	sunnum
対格	sunnan	sunnan

（児馬（1996：34））

　上の表のそれぞれの複数語尾に注目されたい。-as, -um, -a, -an の4つに分類されるが，このうち強変化男性主格複数の -as 以外の3つは時代を経るにつれて -e という弱形に収斂し，最終的にはそれも衰退して語尾がなくなっていった。そして，-as が PE の複数形である -(e)s へと形を変えて定着していった。古英語では中性や女性とされていた名詞も，類推（analogy）により現代英語では -(e)s の複数語尾を取ることが多い。同様の働きにより PE に生き残っている変化語尾がもうひとつある。図1でも触れた PE の属格・単数にて現れる -'s は，古英語の強変化男性・中性属格単数の -es からきている。これらの類推と格変化の衰退により PE においてより簡潔な現在の形に落ち着いたのである。

　ここからは現代英語において -(e)s 以外の複数語尾を持つ名詞について説明する。まず中性強変化名詞の主格に目を向けると，-u という複数語尾や，単複同形であることに気づく。この中性強変化主格複数の変化語尾である -u は，長母音を含む音節が1つの語，例えば hus（house）のような語ではすでに古英語でも脱落し，結果的に単数と複数の主格が同形となっていた。thing, folk, horse, house, year, word など，多くの名詞が単複同形であったが，PE では殆どが -(e)s の複数形をとっている。この複数語尾 -u から派生した，現代英語に残っている例外的な名詞も少なからず存在している。その多くは fish, deer, swine, carp など動物について言及している単語が多いが，これらは主に群れをなして行動しているため集合体として一つの個体を形成していると考えられた。

　次に，children や oxen のように -en を複数形の語尾として使う名詞について考えよう。この -en とは OE の弱変化複数語尾である -an から発達したも

のであり，eggやeye, shoeなども同様の複数語尾を持っていたが，類推の働きにより現在では-(e)sの複数形をとる。oxやchildといった単語はこの流れに従わず，現代英語でも-enの複数語尾となっているのだ。その中でも興味深いのがchildの複数形childrenである。-enが複数語尾であるとすれば，-r-はどこから来たのだろうか。実はこの語尾（もとの型は-ru）もまた複数を表す語尾であり，そこに-enという複数語尾が更に加わったとされる。このように2つ複数語尾が使われている状態のことを二重複数（double plural）という。興味深いことに，この二重複数という現象が，日本語の同じ意味の名詞「子供たち」でも起きているのだ。すなわち，"子"という語に複数語尾の"ども"と"たち"という複数語尾を二重に添加しているのだ。

　-(e)sという規則に従わない複数形のもう一つのパターンとして，foot-feet, mouse-mice, man-menなどのように，語幹の母音を変化させるウムラウト複数（母音変異複数）を見ていこう。ウムラウト複数は，古英語においても，fot-fet, mus-mys, mann-mennのように，現代英語と同様の変則的な変化を示していた。しかし，さらに歴史をさかのぼると，ウムラウト複数も規則的な複数形であったことが分かる。

ゲルマン祖語		古英語		現代英語	
単数	複数	単数	複数	単数	複数
fot	fotiz	fot	fet	foot	feet
musz	musiz	mus	mys	mouse	mice
mannz	manniz	mann	men	man	men

すなわち，古英語以前のゲルマン祖語においては，いずれの複数形も規則的な複数形語尾-izを添加するという規則的な変化であった。ウムラウトというのは，簡潔に述べると，語幹の後母音（fotの/oː/，muszの/uː/，mannzの/a/）が後続する屈折語尾-izの前母音/i/に引き寄せられる変化のことである。さらにゲルマン祖語の特徴として，単語の第一音節に強勢が置かれるため，古英語に至るまでに屈折語尾が消失し，結果として互換の母音が異なる単複異形のパターンが出来上がったのだ。ウムラウト自体は現代の日本語にも見られる現象である。

(1) a. /a/ → /eː/ :　仕方ない　/ʃikatanai/ → 仕方ねぇ /ʃikataneː/
　　b. /o/ → /eː/ :　おもしろい　/omoʃiroi/ → おもしれぇ /omoʃireː/
　　c. /u/ → /iː/ :　さむい　/samui/ → さみい /samiː/

(1)は日本語におけるくだけた表現であるが，いずれの例も語末の「い」の前母音 /i/ の影響を受けて，語幹の後母音が変化をしている。

　ここまで主に古英語における名詞の複数形の種類を概観し，現代英語で不規則変化と呼ばれる名詞も元々は規則的な変化の一種を示していたことを確認してきた。ここからは，格に注目し，現代英語に残るその影響について考察したい。古英語において，名詞が主格，属格，対格，与格の4つの格により語形変化を起こしていたことを見た。中英語期では格変化の体系はほとんど衰退してしまったが，現代英語においては特に属格の存在が残っている。先述の通り，現代英語の所有の -'s は属格の名残であると言われているが，では現代英語の -'s が古英語の属格と全く同じであるかというと，そうとは言い切れない。現代英語の -'s は，起源である古英語の属格には見られない用法があるのだ。

(2) a.　The grete god of Loves name
　　　（偉大なる愛の神の名前）
　　b.　The blonde I'd been dancing with's name was Barnice something.
　　　（私が躍ったブロンド女性の名はバーニスなにがしであった）

（保坂（2014：31-32））

(2)はいわゆる群属格（group genitive）と呼ばれる現象である。(2a) は中英語（チョーサー）の例で，Loves の -s は，Love だけが所有格になっているのことを示すのではなくて，the grete god of Love という句全体が所有格となっていることを示す。また，(2b) の現代英語では，The blonde I'd been dancing with's の -'s は節レベルまでをも所有できることを示している。従って，現代英語の所有の -'s は，単語に依存する接辞から独立した機能的な所有標識したものである。

　属格はもっぱら所有を示す機能があるが，古英語，中英語においては副詞と

して機能する属格があり，このような用法を副詞的属格と呼ぶ。(3) にある副詞が現代英語における副詞的属格の名残である。

 (3) once, twice, always, hence, towards, forwards, onwards, day and nights, needs

いずれの語も -s または -ce で終わっており，属格であることを感じさせる。(-ce で終わっている語は，中英語期においてフランス語式の綴りを採用して現代英語に残ったものである。)

3. 動詞の語形変化の歴史

 古英語の動詞は，人称，数，時制，法という四つの文法範疇により変化していた。また過去形と過去分詞形の作り方によって，強変化動詞，弱変化動詞，過去現在動詞，不規則動詞に分けられる。(過去現在分詞については本章では扱わない。) 例えば，古英語の強変化動詞 ridan (= ride) と弱変化動詞 deman (= judge) の語形変化表は以下のようになる。

		強変化	弱変化
		直説法現在	
単数	1人称	rid-e	dem-e
	2人称	rid-est, ritst	dem-est, dem-st
	3人称	rid-eþ, ritt	dem-eþ, dem-þ
複数 1-3人称		rid-aþ	dem-aþ
		直説法過去	
単数	1・3人称	rad	dem-de
	2人称	rid-e	dem-dest
複数 1-3人称		rid-on	dem-don
		仮定法現在	
単数		rid-e	dem-e
複数		rid-e	dem-en
		仮定法過去	
単数		rid-e	dem-de
複数		rid-en	dem-den
		命令法	
単数		rid	dem
複数		rid-en	dem-den

to 無し不定詞	rid-an	dem-an
to 付き不定詞	to rid-enne, rid-anne	to dem-enne, dem-anne
現在分詞	rid-ende	dem-ende
過去分詞	rid-en	dem-ed

　ridan も deman も，それぞれ rid と dem を語幹とし，屈折語尾を添加することにより語形を変化させているが，rid の直説法過去は語幹の母音を変化させることで作られている。つまり，強変化動詞とは，動詞の語幹の母音を変えることによって活用する動詞であり，弱変化動詞は，歯茎閉鎖音を持つ接尾辞 -ed, -d, -t, -od を添加して過去形と過去分詞形を作る動詞である。古英語の時代には，動詞のおよそ4分の1が強変化動詞であったと言われている。現代英語では弱変化動詞は規則動詞と呼ばれ，強変化動詞は不規則動詞と呼ばれているが，古英語の時代から弱変化動詞＝規則動詞が多数派ではあった。しかし現

代英語ほど圧倒的だったわけではなく，少なくとも「不規則」と，あたかも例外であるかのように呼ぶほどではないことが分かる。古英語から現代英語に時代が進む中で屈折は衰退していき，動詞の屈折も単純化の方向へ向かったが，その流れの中でしぶとく残り続けた強変化動詞が現代英語の不規則動詞として残っている。強変化動詞は母音交換のタイプで7つに分けられる。

	不定詞（原形）	過去単数 1・3人称	過去複数	過去分詞	現代英語における名残
I	ridan（＝ride）	rad	ridon	riden	rise, shine, slide, strike, write など
II	ceosan（＝choose）	ceas	curon	coren	fly, freeze など
III	drincan（＝drink）	dranc	druncon	druncen	begin, find, swim, sing, run など
IV	beran（＝bear）	bær	bæron	boren	break, come, steal など
V	giefan（＝give）	geaf	geafon	giefen	eat, get, see, など
VI	dragan（＝draw）	drog	drogon	dragen	shake, take など
VII	cnawan（＝know）	cneow	cneow	cnawen	fall, hang, grow など

　表から見て取れるように，write-wrote-written と ride-rode-ridden のような，現代英語の不規則動詞の中に見られる規則性は，実はこの7種類の強変化動詞のパターンに起因する。

　以上見てきたように，現代英語の動詞の中で「不規則動詞」として例外的な扱いをうける動詞の大部分は，英語史の観点から見るとそれらは決して「不規則」でも「例外」でもないことが明らかになった。とは言うものの，英語の中には本当に不規則な変化をする動詞がある。それは be 動詞と go である。この二つに関しては，強変化動詞や弱変化動詞と比べて，語形変化に対して外見上の共通点が極端に見出しにくい。すなわち，be 動詞なので原形は be であるのに，am, is, are, was, were のように，全く違った形へ変化するのだ。また，go も過去分詞の gone と外見が似ているが，過去形は went になり，外見上の共

通点は全く見いだせない。まず古英語における，be 動詞の屈折語形変化表を見てみよう。

		es 系	bheau 系	wes 系
直説法現在				
単数	1 人称	eom	bēo	
	2 人称	eart	bist	
	3 人称	is	biþ	
複数 1-3 人称		sindon, earon	bēoþ	
直説法過去				
単数	1 人称			wæs
	2 人称			wǣre
	3 人称			wæs
複数 1-3 人称				wǣron
仮定法現在				
単数		sīe	bēo	
複数		sīen	bēon	
仮定法過去				
単数				wǣre
複数				wǣren
命令法				
単数 2 人称			bēo; wes	
複数 2 人称			bēoþ; wesaþ	

現代英語の be 動詞は ☐ の部分が起源となっている。

be 動詞は三種類の異なるゲルマン祖語の語根に由来するために，綴り字が多様だった。そして，es から派生した語は現在形を担当し，wes から派生した語は過去形を担当し，bheau から派生した語はその他を担当するようになった。これが，be 動詞が不規則変化を示す理由である。一方，古英語において gan (= go) の過去形は gan とは異なる語源の動詞の過去形 eode, eodon が充てられていた。eode, eodon による補充は 16 世紀ごろまで続いたが，一般化することはなく，代わりに古英語の弱変化動詞 wendan (= go, turn) の過去形 went が過去形として補充され，定着した。

	不定詞	過去単数1・3人称	過去複数	過去分詞
古英語	gan	eode	eodon	gan
現代英語	go	went		gone

4. おわりに

　本節では，英語史における名詞と動詞の語形変化の歴史を詳しく観察したが，それにより現代英語で理不尽で不規則な語形変化として扱われるものに対して，その理屈を見出してきた。まず，名詞については，現代英語と比べて，古英語の名詞の屈折体系はかなり複雑であった。現代英語の規則的な複数形-(e)s をもちろんだが，children, oxen のような -en 複数形や単複同形のタイプも元々は規則的な語形変化であったというこが明らかになった。また，属格の変化に注目し，現代英語の所有の -'s は古英語の属格が起源になっているが，独立した所有標識としての地位を確立したことや，once, twice, always などの語末が -ce, -s の形をとる副詞は古英語の属格の特殊な用法の名残であることを見た。次に，動詞については，不規則動詞の中にも write-wrote-written, ride-rode-ridden のように，規則性があることを指摘し，それらは古英語の（規則的な）強変化動詞の名残であることを示した。また be 動詞や go といった不規則動詞に対して，なぜ不規則な変化をしているのかを明らかにした。

　さて，本章で見てきたことは，英語の語形変化を暗記する学生にとってその負担を軽減させるものではない。しかし，本章を（また前章も）通してわかることは，英語史を知ることで，現代英語だけ見ていたのでは説明のつかない事象に整合性を与えることが出来，それが英語学習者の知性に良い刺激を与え，英語に対する理解が深まるということだ。

参考文献
保坂道雄（2014）『文法化する英語』，開拓社，東京．
児馬修（1996）『ファンダメンタル英語史』，ひつじ書房，東京．

第三部　国際英語論と英語教育の接点

吉川　寛

　第三部では，国際英語（World Englishes）の理念を視座にして日本の英語教育を考察する。L. Smith は，世界の全ての英語変種の等価性を国際英語という概念で提示した。この概念は，明治以来の日本の英語教育の基本的な考え方に大きな影響を与えた。それまでの日本の英語教育では，学習モデルを英米の「標準英語」を規範と定め，その英語の言語的，文化的模倣を目標とした。そのような学習形態は，様々な問題を生じさせる。言語権の喪失，アイデンティティとの齟齬，多大な学習負担，文化相対性の欠如などが問題として挙げられる。国際英語論による英語教育はこのような問題を解決し，英語学習者の不安と不満を解消すると言える。

　この部では，上述の認識を基に論述した6件の論文を提示する。その6件は二つのグループに大別される。はじめのグループは前半の3件で，日本の英語教育に関するものである。後半のグループは残りの3件で韓国の英語に関するものである。以下，各論文について概説する。

　「国際英語論と英語教育」は，「国際英語」と「国際英語論」の概念を概説し，国際英語論による英語教育の総体的な論述とその有効性を述べたものである。また具体的な方策も提示した。

　「日本人英語と意味」では，日本人英語話者が意味伝達に際して指摘される問題点を指摘し，その対応を提示した。加えて，日本人英語話者が母語英語の慣用表現に対してどのように対処したらいいかをも英語教育の観点から方策を提示した。

　「身体名称に関する慣用表現の類似性と相違性―日・英・韓の比較に見る―」

は，身体部位のメタファー認識は各文化の特性によって影響され，それらの類似性と相違性は文化間の距離によって左右されることを述べたものである。

「韓国の英語事情」では，韓国の英語との接触を通史的に概観し，韓国文化における英語への認識と対応を論述した。また，「韓国英語」の具体例を音韻，統語，意味に分けて提示した。

「韓国と日本における英語事情の変化―英語教科書とテレビCMに見る―」は，1999年と2015年における中学英語教科書とテレビCMを比較して，韓国における英語の認識と対応の変化を調査したものである。

「韓国の大学生における英語への認識―日本の大学生と比較して―」は，韓国の大学生に，主として国際英語への認識についてアンケート調査を行い，同様な調査を行った日本の大学生との比較を行ったものである。結果として，両者にはかなりの相違が見られた。

以上，掲載論文の概説を述べたが，この比較的新しい国際英語論による英語教育は，日本の英語教育を良い方向に変換させる有効な手段であると考えている。

国際英語論と英語教育[1]

吉川　寛

1. はじめに

　日本で英語学習が本格的に始まって150年が経つ。第二次世界大戦中の一時期に英語教育がほぼ中断された以外，連綿として最重要外国語として多くの人々に学習されてきた。大半の学習者の願いは英語母語話者，つまりネイティヴのように英語を操ることであった。それは果たせぬ願いではあるが，英語教育の方針と英米文化への強い憧憬によって現在までその願いは続いている。

　しかしながら，英語が世界中に広がり様々な民族に使用されるようになると英語を取り巻く情勢が異なってきた。先ず，多くの日本人が敬って止まないネイティヴが少数派になったことである。さらに，非英語母語話者，つまりノンネイティヴが個性豊かに「自分の英語」を駆使している姿に接するようになったことである。このような状況の変化は日本人の英語への認識に影響を及ぼすことは避けられない。また同時に，英語教育にも影響を与えることになる。

　本論では，英語の広域化と多様化，「国際英語」と言う英語認識，「国際英語論」の多様性，「国際英語論」への批判，「国際英語論」と英語教育。「日本英語」に焦点を当て，新しい視点による英語教育を提案したい。

2. 英語の広域化と多様化

　現在，世界で20億の人々が英語をコミュニケーションの道具として使用していると言われている。その使われ方には程度の差はあるが，一言語がこれほどまでに広く流布したことは未曾有のことである。シェークスピアの時代にヨーロッパの片隅で500万人ほどの人々が使っていたにすぎない英語が，これほどまでに世界に拡散した過程を概観してみよう。

16世紀に大航海時代を迎え，ヨーロッパの列強諸国がアジア，アフリカ，アメリカでの植民地獲得競争に本腰を入れるに伴い，ヨーロッパの言語が世界に拡散する。ポルトガル，スペインに先行されるが，最後に競争の勝者となったイギリスが「七つの海」，「五つの大陸」を制して君臨することとなった。そしてイギリスの文化，言語が世界に進出して行くことになる。圧倒的な軍事力と経済力を後ろ盾に，イギリスの文化，言語が植民地原住民のエリート層を中心に浸透して行った。現在における英語の世界的流布の礎が築かれた時期である。第2次世界大戦以降，イギリスは次々に植民地を失って行くが，それに取って代わるように，アメリカの台頭が英語流布の推進力となって行った。酒井（1996）は「19世紀の英帝国主義と20世紀の米帝国主義による英語の普遍化を無視しては，国際世界の知識の伝達について何もかたることができない。」と述べているほどである。

　このように，英語のグローバル化は人間の歴史上稀有なことであるため，予想もしない状況を生み出している。英語のグローバル化は，言いかえれば，地球における言語の画一化である。英米をはじめとする英語母語国のみならず，アジア，アフリカ，中米などの旧イギリス領植民地を中心に，英語が公用語あるいは第2言語として広く使用されており，その他の多くの国々でも，英語が最重要外国語として学習されている。現実に，世界経済，外交，学問，観光等の分野では，英語を無視しては成り立たない状況である。近年のインターネットの発達もそれに拍車をかけた。

　以上のように，一見，英語の一人勝ちの様相であるが，ここで思わぬ伏兵が登場した。英語内部からの反乱である。それは，イギリス標準英語やアメリカ標準英語に準じない英語の出現である。特に，アジア，アフリカ，中米などの旧イギリス領植民地では，その地域の文化や言語の影響を受け，それぞれの民族性を反映した特色のある英語が生み出され，実際に広く使用されているのである。言いかえれば，英語による言語の画一化と同時に英語自身の多様化が起こっているのである。これを本名（1993）は，「英語の国際化の代償」と述べている。

　では，どのような英語であるか見てみよう（統語的な例に限る）。

You spend me drink, can or not？（シンガポール）
（標準英語変種では，spend の目的語はお金，時間，労力など）
I am understanding what you are saying.（インド）
（標準英語変種では，understand は進行形にならない）
I have seen him yesterday.（フィリピン）
（標準英語変種では，完了形と yesterday は共起しない）
Long time no see-lah！（マレーシア）
（"lah" は中国語の「了」からといわれ，日本語の終助詞の「ね」にあたる）

いずれも英米の標準英語を規範とすれば破格な英語となるが，十分に意思の疎通は可能であるし，新聞，テレビなどのマスコミでも一部使用されている。もっとも，それぞれの地域で一様な英語変種[2]が話されているわけではない。シンガポールでもインドでも，大きく分けて3種類の変種が認められる。上位語（acrolect），中位語（mesolect），下位語（basilect）の3種である。上位語は標準英語に近い変種，下位語はかなりピジン化またはクレオール化された変種，中位語はそれらの中間的な変種である。所属階層によって異なるが，特に，上層階級の人々は TPO に応じてそれぞれの変種を使い分ける。下位語は地域の独自性が強く，他地域の人が理解するにはそれなりの学習が必要である。中位語は少しの時間と馴れで理解可能となる。現在，いずれの地域でも中位語話者が増加する傾向が見られる。

3. 多様な英語の分類

　イギリスで使われていた英語が世界中に広がって行き多数の英語変種を生み出して行ったわけだが，その地理的分布度，変容度，使用頻度などを考慮して世界の英語を分類することは国際英語の実体を知る上で重要である。英語を様々な観点から分類し整理する工夫が数多く見られる。そのいくつかを紹介する。

3.1. 植民地化からみる歴史的分類

イギリスとアメリカの植民地獲得の歴史的経緯に沿った分類が考えられる（吉川（1997））。

表1　英米の植民地獲得の歴史的経緯に沿った分類

①イギリス（6300万人）			
植民地			非植民地
②アングロ系 （4億人）		③非アングロ系 （10億人）	④その他 （5億人）
アメリカ 植民地 フィリピン, グアム, プエルトリコ	アイルランド, カナダ, オーストラリア, ニュージーランド, その他	インド, パキスタン, バングラディシュ, マレーシア, シンガポール, シエラレオーネ, リベリア, カメルーン, 南アフリカ, タンザニア, ケニア, ナイジェリア, ジャマイカ, ドミニカ, バハマ, トリニダードトバゴ, ギアナ, その他	英語以外の母語を持ち, 社会生活上英語を必要としない地域：ヨーロッパ諸国, 中東諸国, 南米諸国, 中国, 韓国, 日本など多数

この分類は英語の広がりが植民地の拡大化と呼応していることが歴史的に認識できると言う利点がある。また、英語が植民地の現地言語の駆逐の程度や過程も認識できる。②の地域では、原住民の言語が壊滅的に駆逐されて英語がその地の第1言語になったと言う認識も可能である。

3.2. Kachru の分類

国際英語論の先覚者の一人である Kachru は、主に母語性や制度的定着度に基づいて英語を、内円（Inner circle）と呼ばれる ENL（English as a native language）地域、外円（Outer circle）と呼ばれる ESL（English as a second language）地域、最後に拡大円（Expanding circle）と呼ばれる EFL（English as a foreign language）/EIL（English as an international language）地域の3つのグループに分類している。

国際英語論と英語教育　　　　　　　　　　151

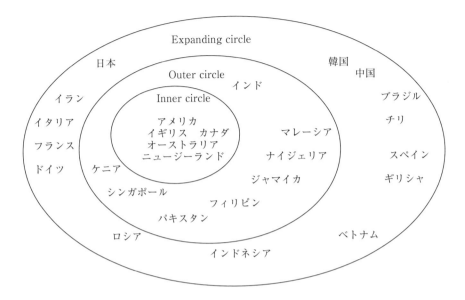

図1　Kachru (1985) の3つのサークルを参考

　内円は，英語母語話者が多数を占める国や地域，外円は，旧イギリス植民地を中心にして英語を母語ではないが公用語あるいは第2言語として日常的に使用している国と地域，拡大円は，英語以外の母語を持ち，社会生活上英語を必要とせず，英語は外国語学習の対象である国と地域である。このモデルでは円の間の相違が固定的なものとして扱われ，ENL＞ESL＞EFLという，結果的に国などを単位とした地域差に還元される階層的イメージを帯びると誤解される傾向があるとの批判もある。更に，地域によっては円の間の移動の可能性もありうることが示唆されていない。また，分類が国家別になされているので国境を越えた特定な英語の表示ができない。以上，様々な問題があるが，他の分類に比べ英語の全体像を把握しやすいので国際英語の説明時には引用されることが多い。

3.3. McArthurの分類

　McArthur (1987) の分類は，世界を8地域に分け夫々に標準英語を立てその他の変種が下位区分される。この図の中心にWorld Standard Englishを据

えている。

The circle of World English

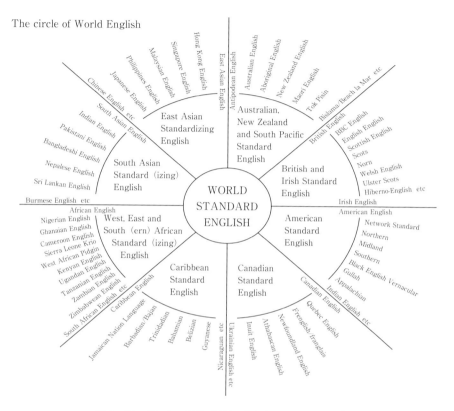

図2　The Circle of World English (McArthur 1987)

　この分類の大きな特徴は，最も外側の英語変種が同心円状に配置されていることである。Japanese English, Indian English, Nigerian English, Welsh English 等の変種が同心円状に平等な配置に置かれていることは全ての英語変種の平等性が示唆されると言うことである。Kachru の分類と大きく異なる点である。しかしながら，上記4変種が含まれる内側の区分は，それぞれ East Asian Standard(izing) English, South Asian Standard(izing) English, West, East and South(ern) African Standard(izing) English, British and Irish Standard English となっており，標準語化の過程に差異を示唆している（下線筆者）。

この点は Kachru の3円分類と類似性が見られる。また，McArthur は，図の中心に世界標準英語（World Standard English）を設定しているのも大きな特徴である。彼は世界標準英語として特定な英語を具体的に指摘していないが，そのような標準英語の存在やそのような設定の必要性に関しては疑問に感じる。

3.4. J. Svartvik & G. Leech の分類

J. Svartvik & G. Leech (2006) は，以下のように，McArthur の英語モデルの改定版を提示している。

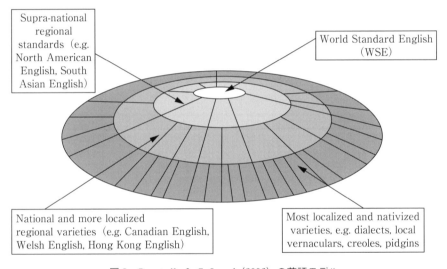

図3　Svartvik & G. Leech (2006) の英語モデル

彼らは，英語使用者は「身近な地域社会への同一化を望む傾向」と「国際コミュニケーションの必要性」の両極に同時に引き寄せられると考え，前者の傾向は basilect や mesolect の使用へと向かい，後者は acrolect や standard varieties の使用に結びつき，その英語使用モデルは，international intelligibility（国際的通用度）の観点から4つの同心円によって描かれている。この様な英語の階層的な捉え方は，彼らが分類図を円錐形と言う立体構造で示した理由であろう。図の中心は世界標準語（World Standard English）であ

り，比較的同質で教育の目標となる英語であるが，この英語を母語変種（native dialect）とする者はいないと述している。個々の英語を使用レベルに区分することの妥当性は認められるが，McArthur のモデルと同様に，世界標準語の存在と設定の問題が依然として存在する。

以上のように様々な分類モデルがあるが，どれも一長一短で，完璧なモデルとは言えない。その不完全さを生み出す理由は，多様な英語をどのように位置づけ認識するかが定まっていないことに起因する。正に，この多様な英語をどのように認識するかに関わるのが国際英語論なのである。

4.「国際英語」と言う考え

上述したように，世界各地で多様な英語が生まれたが，その当時，英語母語話者（今後は Native Speake の略 NS で表す）の大半は，そのような地域英語変種をイギリス英語などの母語話者英語（今後 Native English の略 NE で表す）と同等に見做すことはなかった。彼らはそれらを正統ではない劣化した英語と受け止めていた。しかし，一部の英語研究者には，インド英語に代表される地域英語変種も NE と同等に容認しようとする考えが芽生えてきた。Halliday, McIntosh & Strevens (1964) はその先駆けと言ってもいいだろう。このように，英語の広域化によって生まれた多様な英語と NE を総じて等価と考えるのが「国際英語」である。

「国際英語」は英語の「World Englishes」の日本語訳である[3]。この用語で注目されるのは Englishes であろう。ワープロソフト Word で Englishes にスペルチェックを掛けるとミススペルとなり，代替候補に English's と Englishness が提示される。正書法の領域では Englishes はまだ市民権を得られてないようである。と言うことは，Englishes という用語が考えられてからまだ日が浅いので辞書の単独項目に採用されてないと言うことだ。この例からも分かるように，国際英語という考え方が生まれたのはそれほど古くないと言うことである。その後まもなく EIL 論の提唱者の Smith や WE 論の提唱者の Kachru たちの出現によって「国際英語」が広く世に知られるようになっていったのである。

5.「国際英語論」とは

　上述したように，多様な英語，つまり国際英語を研究する分野が国際英語論である。しかし，国際英語を網羅的に記述するだけが研究の守備範囲ではない。勿論，国際英語の記述は重要な研究であるが，加えて，それら様々な英語を階層的，序列的に捉えるのではなく，等価的，自律的に捉える視点を持つことが国際英語論の最も重要な考え方である。このような考えが生まれる前は，イギリス標準英語（RP英語）やアメリカ標準英語（General American）が「正しい英語」と考え，非標準英語や黒人英語などは「正しくない英語」と考えられ，次いで，インド英語，香港英語，ナイジェリア英語などの非母語話者英語は更に一段低い英語であると見做されていた。もっとも，現在でもそのような英米語偏重の考えが消えたわけではないが，近年言語の平等性を認める国際英語論の考えが広まってきているのも確かである。

5. 1. 多様な国際英語論

　英語の広域化と多様化によって生まれた国際英語を研究対象にする総体的な研究が国際英語論であることは前述したが，その内部では様々な主義主張がなされているのも事実である。代表的な理論としてWE論，EIL論，EFL論が挙げられる。これらの理論は，NE（英語母語話者の英語）を唯一の正統な英語と考えない点と英語を国際共通語として捉えている点では共通性があるがそれぞれの研究目的や研究対象に様々な違いが見られる。

5. 1. 1. WE (World Englishes) 論

　WE論の提唱者であるKachruは，母語性や制度的定着度を基準として英語変種を図2で示したように三つの円（circles）を使って分類した。彼の分類によると，内円の英語は「確立した規範となる英語（established / norm-providing varieties）」であり，外円の英語は「制度化された規範になりうる英語（institutionalized / norm-developing varieties）であり，拡大円の英語は「場面依存的で規範にならない英語（performance / norm-dependent varieties)であると言う。彼はインド出身であるので，内円の「インド英語」のような旧植民地地域で生まれた英語に焦点を当てた。その様な英語は，それぞれの国で公用語に定められているとか，教育言語として使われているとか，広く国内共通語と使用されているなどの制度化の状況を挙げて，NE同様に「正当な英語」であると主張した。Kachru (1976) は，内円の英語の「正当性」について以下のように主張している。

> It will be appropriate that the native speakers of English abandon the attitude of linguistic intolerance. The strength of the English language is in presenting the Americanness in its American variety, and the Englishness in its British variety. Let us, therefore, appreciate and encourage the Third World varieties of English too.「英語母語話者はその言語に関する不寛容さを捨てたほうがよい。英語という言語の強みは，アメリカらしさはアメリカ英語で，イギリスらしさはイギリス英語で表わせることにある。それゆえ，第3世界の英語変種もそれにふさわしく推奨できるものである。(筆者訳)」

それと対照的に，制度化のない使用頻度の低い拡大円の英語は一段低い地位に置き差別化している。このことで拡大円地域の研究者からは多くの批判が寄せられている。日野（2012a）は，拡大円の英語話者は国際英語コミュニティーの中では二流市民の扱いだと苦言を呈している。

WE論の他の特徴としては，英語使用の限定性であろう。Kachruは，旧植民地宗主国と旧被植民地国との対立構造を念頭に置き，国内での高い英語使用浸透度を理由に外円の英語の非差別化と正当化を求めたが，これは結局，英語という言語を考察するとき「国内語としての英語（intranational use of English)」としての考察にのみ限定されていることになる。英語の国際使用やそれに伴う英語の働きのような新しいパラダイムの展開ができなくなっている。このようなパラダイムシフトを行ったのがEIL論やEFL論と言うことになる。

5.1.2. EIL (English as an International Language) 論

　Larry E. Smith が提唱した EIL は，広域化と多様化でうまれた英語変種を国内使用ではなく国際使用の観点から考察しようとした。Smith (1983) は英語を以下のように捉えている。

> English belongs to the world and every nation which uses it does so with different tone, color, and quality. English is an international auxiliary language.「英語は世界に属していて，英語を使用するどの国でも，異なった口調や風合いや音質を伴って使用している。英語は国際補助語である。(筆者訳)」

そして，それぞれの国，地域の英語はそれぞれの文化を反映されるものであり英米文化に縛られるものではないと主張し，英語の「脱英米化」が必要であると述べた。以下がその主張を示す引用 (Smith (1983)) である。

> When any language becomes international in character, it cannot be bound to any one culture. A Thai doesn't need to sound like an American in order to use English well with a Filipino at an ASEAN meeting. A Japanese doesn't need an appreciation of a British lifestyle in order to use English in his business dealings with a Malaysian. … (English) is the means of expression of the speaker's culture, not an imitation of the culture of Great Britain, the United States or any other native English speaking country.「どんな言語であれ国際語としての特性を帯びると，どの文化にも縛られうるものではない。タイ人は，アセアン会議でのフィリピン人との対話で，英語をうまく話そうとアメリカ人のような英語を使う必要はない。日本人は，マレーシア人との商取引時に，英語を使用するためにイギリス的生活様式を重視する必要はない。英語は使用者の文化を表出する手段であって，英国や米国やカナダや他の英語母語国の文化を模倣する必要はない。(筆者訳)」

更に，Smith (1983) は，NS にもそのような認識をすべきと以下のように忠告する。

Native speakers must be taught what to expect in spoken and written form when they communicate in English with other (inter)nationals. 「英語母語話者は，他の人々と英語で意思の疎通を図る時には，実際に（彼等によって）話されたり書かれたりしている（英語の）形を学ばなければならない。（筆者訳）」

このように，Smith は，NE と NNE との平等性を強く主張し，英語の脱英米化と自己文化に則った英語の使用を勧めている。そして，その使用を国内使用にを越えて国際使用に焦点を当てているので，WE 論が内円と外円の対立構造として捉える限定的な英語変種平等論を越えて全ての英語変種の平等性に言及しているのは評価されるところである。ただ，地域英語変種の脱英米化の限定的であるのが疑義の出るところである。Smith & Rafiqzad (1979) は，NNE の音韻と語彙の領域における変異は容認するが，統語の領域では下記のように消極的である。

Diversity in varieties of educated English certainly exists but international interactions in business, diplomacy, education, travel, and politics basically limit this diversity to phonology and vocabulary, not grammar. As long as this takes place, a person speaking any variety of educated English, although phonologically non-native, can expect to be intelligible to his listeners.（下線筆者）「教養ある英語の多様性は確かに存在するけれども，ビジネス，外交，教育，旅行，政治における国際的活動では，このような多様性は基本的に音韻と語彙に限定されるが，文法ではその様なことはない。この様な事が守られている限り，どんな教養ある英語を話す話者は，音韻的に非母語話者であっても，聴者に通じると期待できる。（筆者訳）」

5.1.3. ELF (English as a Lingua Franca) 論

Jenkins (2000) や Seidlhofer (2001) らによって知られるようになった ELF 論は，国際英語関連研究でも比較的新しい研究である。ELF は，英語の国際

語としての機能に着目して，外円，拡大円の英語変種を積極的に評価するなど，EIL と共通する面が多い。しかし，ELF は当初の研究目的として，拡大円の多くの変種から共通核（Lingua Franca Core）を抽出し，それをベースに相互理解度の高い（標準）英語変種の構築を目指したところが EIL と大いに異なるところである。共通核を拡大円の変種から抽出するのは内円の NE の規範性を避けるためである。このような考えは，Jenkins (2007) が「Lingua Franca」を，第一言語を共有していない者たちが使う共通媒介言語（contact language）と定義し，それ故，最も基本的な ELF は非母語話者間で使われる共通媒介言語であると考えていることに由来している。しかし，WE 論者からは，ELF が内円と外円の英語変種を共通核作りに加えなかったことは英語の多様性を軽視しているとして批判された。それに対して、Jenkins 達は、当然内円と外円の英語話者も ELF コミュニケーションに含まれているが、内円と外円の英語使用では非共通核が多く含まれているので分析が複雑になるため多くを除外するのだと説明している。

最新の ELF 理論では、ELF は固定的なものではなく流動的なものであると提示されている。ELF コミュニケーションの場では、それぞれ異なる母語の英語話者が当該の母語が混ざった「英語」を使用してコミュニケーションを行うことになる。共通理解は accommodation と negotiation を駆使して図ることになり、ELF というより EML (English as a multilingual Franca) が適していると述べている。言ってみれば、英語を pragmatics の視点から捉えようとしていることになる。

以上の ELF の考え方を英語教育に反映させると新しい視界が開ける。一つは、英語教育において NS の規範から解放されるのではないかとの期待感が持てることである。もう一つは、英語を共通語として使用する実際のコミュニケーションの場での英語の実体を想定でき、その対応を模索できることである。このような想定から近年日本の英語教育界では ELF が注目されている。

6. 国際英語論への批判

6.1. 母語話者英語優越論

　上述したように，母語話者英語優越の考えは昔から続いている考えである。特に，英国人のRP英語に対するプライドは高く，時には独善的でさえある。津田（1990）では，社会学者スペンサーの「自然淘汰説」や詩人のスティーブンソンの「マザーグース」には有色人種蔑視があり，それらの言語は劣ったものであり，英語こそが聖書の言葉，神の意志を告げる言葉であり，学ぶに値する言語であるという英語優越主義が見受けられると述べられている。McCrum（1986）の"The Story of English"は，BBCによって映像化され，NHKでも放映された。その中で，英語はa universal language（普遍語）と定義されている。原著とその簡約版は日本でも広く教科書として使われ，イギリスに大いに外貨をもたらした。イギリスまたはアメリカの標準英語変種を世界の「標準英語」に位置付けることが当然であり，「正しい」選択であるとする意識がそこには見受けられる。このようにイギリスやアメリカでの標準英語をその英語モデルにすべきだと考える者としてKirkupとOrtonがいる。二人が個々に著した日本人大学生を対象とした英語教科書に以下のような文が見受けられる

> In order to speak good English, you (Japanese) must try to adopt an English mentality, English gestures, English behaviour, because linguistic fluency goes with natural English attitudes and manners.「良い英語を話すためには，あなた方（日本人）はイギリス人の考え方，しぐさ，行動を取り入れるよう心がけなければならない。というのは，言葉の流暢さは自然なイギリス的な態度や風習を伴うものだからである。（筆者訳，下線部は筆者）」　　　　　　　　　　（Kirkup（1983：116））

> It is more of a battle trying to maintain standard English nowadays. But perhaps it is important not to give up completely. After all, twice as many people in the world speak English as a second language as

people whose first language it is. For them clear standards are important.「今日，標準英語を守ろうとする戦いが多く見られる。しかし，その戦いを放棄しないことが重要である。結局のところ，英語を第2言語として話す人はそれを第1言語として話す人の2倍であるが，それらの人々にとってちゃんとした手本は欠かすことはできない。(筆者訳)」 (Orton(1996：37))

カーカップは日本の英語学習者に徹底的にイギリス人化を求めている。そうしないと「正しい」英語を手に入れることはできないと断言する。彼にとっては，インド英語のような地域英語変種は「正しくない」英語であるということだ。オルトンは，NNSがNSを大きく上回っていることは認めているが，「ちゃんとしてない」NNEのお手本としてのNEの存在を主張している。しかし，近年は，彼らのように母語話者英語優越を明言する者は少ない。母語話者英語優越主義は差別主義との関係性が指摘されるので公言を控えているようである。

このよう母語話者英語優越主義者はNSに限らずNNSにも多い。日本の英語学習者などは多数派と言えるであろう。また，日本人英語教師にも母語話者英語優越主義を払拭できない者も多いと思われる。母語話者英語優越主義は日本人の英語使用を委縮させるだけで百害あって一利なしである。母語話者英語優越主義は，英語学習や英語教授の観点からも国際英語論に対して考慮すべき批判とはなっていない。

6.2. 英語帝国主義論

英語帝国主義論は，英語の広まりを帝国の植民地獲得を目指す膨張主義になぞらえて否定的に捉え，英語の世界的な拡大によってもたらされる英語支配によって非英語圏の国や地域が言語的・文化的・経済的・外交的に不利な立場に追いやられているという考え方に立っている。津田（1991）は，日本での英語の広がりは日本人の「精神の自己植民地化」を推し進めるものであり，日本人のアイデンティティーに否定的な影響を与えると主張する。このような英語帝国主義論は国際英語論の有する二つの共通理解に対して批判を行っている。

6.2.1. 国際共通語としての英語

　先ず，英語を国際共通語と捉える国際英語論に対しても強く批判する。津田（2000）は英語を国際共通語とする考えに反対する立場をとり，英語が国際共通語として適当かどうかの確たる根拠はなく，民族言語のひとつに過ぎない英語を国際共通語とするのは言語の平等性という原則に反すると主張する。同様に，鈴木（1985）は言語の平等性から見て単一言語を国際共通語とすること自体が間違いであるとみなし，日本語を含め複数の言語の「国際共通語化」を進めるべきであると主張する。大谷（2007）も，日本の英語教育には「国際語としての英語」に対する過度の信仰があり，それ以外の外国語には目もくれない姿勢を生んでしまったと指摘している。また，水野（1993）は，英語ではなく，どの民族にとっても中立的な人工語であるエスペラント語を国際共通語とする提案をおこなっている。

　上記の論者達は，国際共通語が不必要であるとは考えていないと思われる。異言語間・異文化間のコミュニケーションを仲介する国際共通語の利便性は否定しがたいものであり，現実的な問題はどの言語を国際共通語として選択すべきかという議論になると思われる。確かに，特定な言語のみを国際共通語に定めることは言語の平等性からいって問題ではある。しかし，複数言語の国際共通語化は根本的な問題解決にはならない。国際共通語に選ばれなかった言語には依然として不平等感が残る。また，複数の国際共通語はその経済性と利便性に難点がある。他言語との比較において英語が国際的に最も流布している事実や，効率と経済性の観点から判断しても，現時点では好むと好まざるとに関わらず，国際共通語の第1候補が英語であることを認めざるを得ないであろう。人工言語を国際共通語として使用できる可能性は人的・経済的観点からみてもほとんどないといえる。また，Graddol（1997）では将来，超小型自動翻訳機が作られ，人類の言語問題が一挙に解決される可能性などを話題にしている。また，巷間，近い将来実現の可能性の指摘もされているが，言外の意味，心情・感情の伝達などを適切に処理するソフトの開発には困難が予想され実現への道のりは遠いだろう。

6.2.2. 英語変種間の平等性

多様な文化を反映する個々の英語変種を平等に位置づける国際英語論の重要な理念に対しても英語帝国主義論者は批判的な主張をおこなっている。津田（2000）の見解では，国際英語論とは英米人英語の優位性は拒否するものの，飽くまでも「英語の下での」平等を根本理念としており，結局は「英語の地球的浸透」を押し進めるものにすぎないと位置づけられる。また，国際英語論の言語観は「機能主義・道具主義」的であり，言語の文化性や精神性を無視するものであるという批判もおこなっている。加えて，国際英語論に基づく英語教育は，結局は英語の帝国主義的支配を手助けするものだと批判している。英語への一極集中を排除する意見として，大谷（2007）なども，「国際語志向」や「大国語志向」とは一線を画した外国語教育こそが多様な異文化理解に貢献するものであるという指摘をおこなっている。

国際英語論は，確かに「英語の下での」平等を主張しているが，他言語を差別したり排除したりする視座を持たないし，ましてや「英語の地球的浸透」を目標としている訳ではない。好むと好まざるとにかかわらず「地球的に浸透」してしまった英語の現状をどのように認識するかを論じているのである。また，「地球的に浸透」した英語に英米人の文化性や精神性を極力排除するよう提言しているのである。ある意味，英語帝国主義と共通性を感じる。英語帝国主義からの批判は国際英語論への批判というより前述の母語話者英語優越論の向けられるものである。

7. 国際英語論と英語教育

7.1. 英語教育の変遷

明治維新時に国家体制の範をその当時世界の覇権を掌握していたイギリスに求めたのは理由がある。イギリスは，日本が目指す立憲君主制国家でもあり，島国という地勢的な類似性から様々な側面でモデルとなりえた。日本は，政治や軍事のみならず文化面においても模倣と吸収を行った。英語はその模倣と吸収の重要な手段であるので日本の外国語教育において最重要言語となった。加えて，第2次世界大戦後日本を7年間に渡って統治したアメリカも日本にとっ

て重要な影響を与える国となった。米国の直接的な統治により，政治，経済，軍事，教育など全面的にアメリカをモデルとする政策が実施され，当然，英語学習が強化されることになる。言い替えれば，第2次世界大戦中の短期間に英語教育が厳しく制限される例外的な期間があったが，明治維新からの140年以上に渡って英語学習は不動の国策であり続けたと言える。その結果，イギリス標準英語（Received Pronunciation English）あるいはアメリカ標準英語（General American）をモデルとする英語教育の伝統が作り上げられた。

　明治以来からこれまでの日本における英語教育で，1960年代を境として様々な領域での変化が見られる。先ず，学習目的の変化がある。英語学習を通して「英米の文化・文明の理解と享受を行い，日本の進歩発展に寄与する」という明治以来の教養主義的学習目的から，いわゆる「国際化」に伴い，「英語をコミュニケーションの手段として実践的に使用する」という目的に少しずつスライドし始めた。また，教授法もそれまでの「英文法の学習」と「文学作品の読解」から「聴解，会話」の重視へと移行した。戦後，世界の軍事，経済におけるアメリカのヘゲモニーを背景として，学習モデルも「イギリス英語」から「アメリカ英語」へとシフトされたが，母語話者英語をモデルとする英語教育観は変わらずに現在に至っている。

　しかし現在では，ポストコロニアル理論の台頭や，globalizationによる世界における英語環境の変化を背景に，新たな英語教育の展開が求められることとなった。これまでのイギリス英語あるいはアメリカ英語を頂点としたピラミッド型のハイアラキーに様々な英語変種が序列的に組み込まれるという考え方から，イギリス英語やアメリカ英語も含めて「全ての英語変種は等価である」という国際英語の考え方へと移行し始めた。現在，国際英語の考え方は一般にかなり普及して来たが，一般教育・専門教育を問わず，英語授業で国際英語の視点を具体的に取り入れている教育機関はまだ多いとは言えない。国際英語論の普及には，多様な英語変種に対する教師や学習者の認識を深めることや，教材・教授法・カリキュラムの見直しなど，様々な側面での検討が必要とされ，早急に国際英語論に沿った英語教育を推し進めることは時間を要するようである。

7.2. 国際英語論による英語教育

論を進める前に，国際英語論に沿った英語教育とはどのようなものであるかと定義する必要がある。本論では以下のように定義したい。

> 「多様な英語変種を等価であると捉え，それぞれの英語変種が使用者の文化，価値観の内包を認めることを前提にして，国際コミュニケーションの手段として使用することを目的とする英語教育」

このように定義した国際英語論による英語教育を実践すると，以下の4つの理念的意義を指摘することができる。

7.2.1. 言語権の認識

意義の第一は，言語権の認識である。英語変種間の平等性という国際英語の理念を理解することにより，例えば，「標準語」と「方言」間に見られる言語的差別や格差に対して気付きが生まれ，言語的平等性を認識できるようになることは意義深いと言えよう。日本人英語に対しても自虐的な卑下の気持ちが薄れることが期待でき，それが自分の英語に対する自信につながる可能性がある。

7.2.2. 自己の表出

二つ目は，自己の表出である。英米語は非英語母語話者にとって自己の価値観の表出には適さない場合が多く見られる。筆者の例で言うと，相手に昼食を奢りたい場合にはI'll buy you lunch., 或いは，相手に家庭料理を勧める場合，You must eat it！等の表現を使うよう学習したが，使用時には抵抗を感じる。好意を金銭で表すことや謙譲ではなく強制表現でものを勧めることは価値観に合わないと感ずる。英米語の学習並びに使用強制は，その言語使用者にアイデンティティーとの離齬による精神的な苦痛を生み出すことになる。英米語を絶対的な学習モデルとしない国際英語論の考え方ならばそのような離齬を避けることができる。

7.2.3. 国際感覚の育成

3つ目の意義として，国際感覚の育成を挙げたい。「言語的平等性」や「言語使用の権利」などの国際英語論の理念を理解することにより，様々な文化を相対的に認識する視座が派生する。このような視座は，人権，平和，環境などの問題にも個々の文化に捉われない国際感覚の育成へと導くことになりうる。延いては世界平和に貢献する人材の育成も視野に入れることができる。

7.2.4. 学習負担の軽減

国際英語論を反映した英語の授業を展開する意義として，最後に学習負担の軽減を挙げる。英語を相対的に捉えることにより「中核的」な学習要素と「周辺的」な学習要素の自律的な選択が可能となり学習者の負担を軽減することができる。具体例を挙げると，アメリカ英語によく見られる音韻面での省略や連声を，普遍的ではなく個別的な言語現象と捉えるとその学習は任意的なものとなる。Hung (2002) では，シンガポール人の英語音声学習に際して，「有用さ」，「使用頻度」，「難解さ」，「適切さ」の4点を考慮して学習すべき音素やかぶせ音素の数を少なくしている。そして，このような制限的な音声習得によって International Intelligibility（国際通用度）を損なうことはないと述べている。大いに参考となる試みである。

7.3. 具体的な方策

国際英語論の考えを英語教育に導入することによって生じる有効性は4つの意義として前述したが，ではその具体的な方策を示す必要がある。詳しい具体的な方策は第2章で詳細に述べるのでここでは大筋を示すことにする。

7.3.1. 国際英語の理念を反映するカリキュラム・シラバス

まず挙げられるのは，国際英語の理念をシラバスに示すことである。国際英語を取り入れた英語教育で最も重要なのは，国際英語の基本理念を英語学習者に理解させることである。英語母語話者の英語ばかりでなく，多種多様な英語変種が世界に存在し，実際に用いられていること，また，それぞれの変種は英語使用者のアイデンティティーを支えており，その意味において対等の価値を

もつことを学習者に認識させることが重要である。英語は多様な人種や民族の使用言語であり，非母語話者数がすでに母語話者数を遥かに超えているという現実を指摘する必要がある。世界の英語事情が激変する中で，英語に対する過去の「常識」を変えざるを得ない理由を学生に理解させ，同時に日本人英語とどう向き合うかを考えさせることも重要である。

　国際英語の理念を育むカリキュラムの編成も重要である。国際英語の基本理念に関する科目と，多言語主義・文化相対主義の視座に立つその他の関連科目との連携が求められる。比較文化論，社会言語学，異文化理解，地域研究，アジア英語研究などがそれに当たるであろう。このような関連科目と英語科目との連携が英語学習者に国際英語の基本理念の理解を深めさせる有効な手段となりえる。

7.3.2. 目標とする英語モデルの設定

　全ての英語変種を等価とする国際英語論の考え方から言えば，どの英語変種の上位語でもモデルになりうる。但し，その英語変種を絶対化せず，十分に国際通用度（International Intelligibility）が確保されていることが必要条件である。日本では学習モデルとして「イギリス英語」や「アメリカ英語」を選択する考えが根強いが，それらの英語変種は選択肢の一つであると考えるべきである。

7.3.3. 教材と評価方法への新しい視点

　教材選択においては，英米の英語のみでなく，非母語話者の英語を含め，多様な英語に触れられる教材選択が望ましい。国際英語の理念を扱った教材や，国際的な文化交流をイメージしたもの，グローカルな視点で国際的な課題を扱うもの，国際的なビジネス・観光・マスメディア等の英語を取り上げたESP教材などを含めるのが良いであろう。評価方法も英米人に近い英語を使用したかではなく国際通用度のある自分らしい表現ができたかが評価基準となるであろう。

7.3.4. 適切な英語教師の配置

多様な英語を教えるのであれば多様な英語変種話者の教師を配置するのが望ましいのは当然である．更に，英語教師が国際英語論の理念を理解することは必須である．教師自身の英語変種を絶対化することを避けるためである．また，国際英語の理念から言って，多様な英語変種話者による教授も必要である．その中でも，日本人英語教師の役割は大きい．日本人英語学習者は，「日本人に適した英語」を獲得して行くのが望ましいので，日本人英語教師は学習者のモデルとしての役割を果たす必要があるからである．

7.3.5. 実地体験学習の導入

海外英語研修は，国際英語論の視点から英語変種を現地体験させる科目として非常に有効である．英米を始めとする英語圏への研修のみでなく，シンガポール，インド，フィリピン，マレーシアなどESL圏への研修も含めたい．これらの国々は多民族国家特有の文化を持ち，語学研修であると同時に多文化理解のための実地研修ともなりうる．研修の目的と意義，研修先の歴史，風土，社会制度などを事前に十分理解させるための講義なども有効であり，これらの事前講義と現地研修を合わせて単位化することが望ましい．

7.3.6. 国内外での共生を考慮した英語教育

これまでの英語教育は専ら英語母語話者とのコミュニケーションを想定してきたといってよい．しかし，実際に日本の商社員が英語で商談を進める相手の80％は非英語母語話者であり，その多くはアジアの人々であると言われる．学生が将来英語を使用する際の状況もほぼ同様であろう．英語教育に国際英語の視点を取り入れる理由がここにもある．国内的に見ても，定住外国人の増加とそれに伴う言語サービスの必要性の見地から英語の果たす役割は大きい．将来の多言語社会への準備も考慮すべきである．このような状況を考えれば国際英語の視点を英語教育に取り入れる意義は大きいと言える．

8. 国際英語論と「日本英語」

　国際英語論で争点の一つになっているのは「日本英語」の問題である。「日本英語」とは「日本での英語変種」を意味する。「日本英語」とは何か，「日本英語」は存在するのか，「日本英語」は必要か等，議論が絶えない。先ず，「日本英語」とは何かという定義に関する問いであるが，多くの研究者で認識が異なっている。森住（2008a）は，「インド英語」のような「日本英語」を想定し，日本的価値観や日本人アイデンティティーを内包した英語変種を考えているようである。本名（1999）は，日本人が中学，高校，大学で8年間の英語学習で獲得した英語の一般的パターンと定義している。また，末延（2011）は，日本語体系や日本人の生活体系を内在する，日本文化とともに歩む英語と定義している。日野（2012）は，国際コミュニケーションで日本的価値観を表すための英語と定義している。本名と末延は「日本英語」ではなく「ニホン英語」の用語を使っているが，上記の4名とも「日本英語」に対しての共通認識はあまりないようである。共通認識がないと言うことは，「日本英語」を実証的に示すことがまだ出来ていないと言うことでもある。

　「日本英語」の必要性を巡っては様々な意見がある。森住（2008a, 2008b）は，英語教科書等に日本的価値観や日本人アイデンティティーを反映させて「日本英語」を構築していく方向性を示唆している。この森住の「日本英語」構築に対して，田島（2015）は，日本的価値観や日本人アイデンティティーの多様性を理由に疑問を呈している。「日本英語」の発生そのものを否定する研究者もいる。Morrow（1987）は，日本ではKachruの定義する制度化された（institutionalized）英語変種の発祥はないと主張する。Schell（2008）も，日本国内で第2言語としての英語の必要性は薄く「日本英語」が生まれることはないと考えている。両者の意見は現状の日本を考慮しての言及であるので，将来，定住外国人が増加し多文化社会となった日本では「日本英語」が生まれる可能性は否定できないであろう。「日本英語」は意図的に作るものではなくて，必要とあれば自然と生まれるものである。「日本英語」の発生に故意に関わったり，逆に，阻止したりすることは避けるべきであろう。

9. まとめ

　英語が世界中に広がり多様化した。その多様化した英語をどのように分類するかには様々な考えがある。それは，英語への認識も多様であることを意味する。それら多様化した全ての英語を等価的に捉える「国際英語」という考えがSmith等によって提唱され，「国際英語論」という「国際英語」を研究対象にする研究領域が生まれた。その国際英語論の中身は一様ではなく，WE論，EIL論，EFL論等に分かれてはいるが国際英語関連領域と言う括りで定義できる。その国際英語論へ母語話者英語優越主義者や英語帝国主義者からの批判もあるが説得力に欠けるようである。

　国際英語論の基本的な考えである「国際共通語としての英語」と「英語変種間の平等性」は，日本における英語教育に対して有効的な影響を与える可能性が高いと思われる。言語権の認識，自己の表出，国際感覚の育成，学習負担の軽減等，これまでの英語教育にはないメリットが想定される。国際英語論に基づく英語教育の実践が広く行われることが望まれる。

注

1. 本論は，吉川　寛（2016）「国際英語論とは」塩沢正，吉川寛，倉橋洋子，小宮富子，下内充著『「国際英語論」で変わる日本の英語教育』（pp.1-25）に加筆，修正を加えたものである。
2. 国際英語論では，標準英語を含めて個々の英語を「英語変種（English variety）」と呼ぶが，明記する必要がある場合を除き今後は「変種」を略す。「英語変種」と言う用語は，標準英語や方言英語の用語から生まれる差別性を払拭するために考えられた用語である。
3. World Englishes の日本語訳は一定ではない。「世界諸英語」や「世界の英語たち」などの訳例があるが，本論では「国際英語」とする。

参考文献

江利川春雄（2008）『日本人は英語をどう学んできたか』，研究社，東京．

藤原康弘（2014）『国際英語としての「日本英語」のコーパス研究』，ひつじ書房，東京．

Graddol, David (1997) *The future of English ?*, The British Council.

Halliday, McIntosh & Strevens (1964) *The Linguistic Sciences and Language Teaching*, Longmans

日野信行（2003b）「「国際英語」研究の体系化に向けて―日本の英語教育の視点から」，『アジア英語研究』第 5 号，日本「アジア英語」学会．5-43

日野信行（2008）「国際英語」，小寺茂明・吉田晴世（編）『スペシャリストによる英語教育の理論と応用』，松柏社，東京，15-32．

本名信行（1990）「アジアの英語―ノンネイティブ・スピーカー・イングリシュの正当性をめぐって」，『アジアの英語』，くろしお出版，東京．1-22

本名信行（1993）『文化を超えた伝え合い』開成出版，東京．

Hung, Tony T. N. (2002) 'English as a Grobal Language asn the Issue of International Intelligibility,' *Asian Englishes* Vol..5 No.1, ALC. 4-17

Jenkins, Jenifer (2003) *World Englishes*, Routledge.

Kachru, Brraj B. (1976) "Models of English for the Third World," *TESOL Quarterly* 10 (2), 221-2 39

Kachru. Braj B. (ed.) (1982) *The Other Tongue*, Pergamon Press, Oxford.

Kirkup, James (1983) *Contrasts and Comparisons*, Seibido, Tokyo.

McCrum, R. & others (ed.) (1986) *The Story of English*, BBC Publications, London.

中村敬（1994）「再び「英語帝国主義」について」，『週刊金曜日』第 24 号．

中村敬（1989）『英語はどんな言語か』，三省堂，東京

大谷泰照（2007）『日本人にとって英語とは何か』，大修館書店，東京．

Orton, Eric (1996) *British at the turn of the century*, Asahi Press, Tokyo.

Phillipson, Robert (1992) *Linguistic Imperialism*, Oxford Univ. Press, Oxford.

フィリプソン，ロバート／白井裕之訳（2000）「英語帝国主義の過去と現在」，三浦信孝・糟谷啓介（編）『言語帝国主義とは何か』，藤原書店，東京，

95-110.

三浦信孝・糟谷啓介編（2000）『言語帝国主義とは何か』，藤原書店，東京．

Schneider, E. W., Burridger, K., Kortmann, B., & Mesthrie, R. (2004) *A handbook of varieties of English : a multimedia reference tool*, Mouton de Gruyter, Berlin.

斉藤兆史（2007）『日本人と英語』研究社，東京．

酒井直樹（1996）「ナショナリティと母（国）語の政治」，『ナショナリティの脱構築』，柏書房，東京．

酒井直樹（1996）『死産される日本語・日本人』，新曜社，東京．

塩澤正（1999）「"Affective Competence"―その理論と実践」『中部大人文学部研究論集』第2号．1-33

Smith, Larry (1976) "Some Distinctive Features of EIIL vs. ESOL in English Language Education," *Culture Learning Institute Report*, East-West Center, Hawaii. 13-20

Smith, Larry E. and John A. Bisazza (1982) 'The Comprehensibility of Three Varieties of English for College Students in Seven Countries,' *Language Learning* 32：2. 259-270

鈴木孝夫（1985）『武器としての言葉―茶の間の国際情報学』，新潮社，東京．

鈴木孝夫（1999a）『日本人はなぜ英語ができないか』，岩波書店，東京．

鈴木孝夫・舟橋洋一（1999b）「英語がニッポンを救う」，『論座』1999年12月号．

立川健二（2000）「英語批判の手前で―エステラントからザメンホフへ」，『月刊言語』Vol.29, No.8，大修館書店，東京．64-75

田島美砂子（2015）「EIAL としての「日本英語」を再考する」，『日本の言語教育を問い直す―8つの異論をめぐって―』，三省堂，東京．345-354

田中克彦（2003）『言語の思想　国家と民族のことば』，岩波書店，東京．

津田幸男（編）（1993）『英語支配への異論』，第三書房，東京．

津田幸男（2000）『英語下手のすすめ』，KKベストセラーズ，東京．

津田幸男（2006）『英語支配とことばの平等』，慶応義塾大学出版社，東京．

水野義明（1993）「英語か，エスペラントか」，『英語支配への異論』，第三書房，

東京. 121-173

森住衛（2008）「日本人が使うEIAL―立脚点・内実の方向性・教科書の扱い―」,『アジア英語研究』第10号, 日本「アジア英語」学会. 7-23

吉川寛（1995）「規範言語としての英語（その1）」,『中部大学国際関係学部紀要』No.15. 161-169

吉川寛（1997a）「規範言語としての英語（その2）」,『中部大学国際関係学部紀要』No.18. 75-86

吉川寛（1997b）「ポストコロニアル時代の英語」,『言語研究と英語教育』第4号. 125-149

吉川寛（2002）「英語のグローバル化」,『立命館　言語文化研究』, 立命館大学言語文化研究所紀要　第14巻1号. 129-142

Yoshikawa, Hiroshi (2005) 'Recognition of world Englishes : changes in Chukyo University students' attitudes,' *World Englishes* Vol.24, No.3, pp.351-360, Blackwell.

吉川寛（2006）「国際英語のintelligibilityの視点からの英語教育ストラテジー試論―慣用表現に焦点を当てて―」,『中京大学国際英語学部紀要』第7, 8合併号. 41-48

吉川寛（2008）'International intelligibility in World Englishes : focusing on idiomatic expressions,' *Intercultural Communication Studies XVII : 4 A Festschrift for Nobuyuki Honna*, ICCC. 219-226

吉川寛他（2008）国際英語の観点からみた日本人英語」,『JACET中部25周年記念論文集』. 31-56

吉川寛（2009）「日本の英語教育への国際英語論の有効性」,『JACET九州支部学会誌 Annual Review of English Learning and Teaching No.14』. 83-90

吉川寛他（2012）「英語多変種との接触が学習者の英語観に与える影響―Outer Circle英語に焦点を当てて―」,『JACET中部支部紀要』第10号. 55-80

日本人英語と意味[1]

吉川　寛

1. はじめに

　言語でのコミュニケーションには音声，文法の適切な運用とそれによる適切な意味の理解が必要であるが，意味の不完全な伝達が最もやっかいな問題の一つであろう。コミュニケーシションにおいて意思疎通が常に正確に行われるとは限らない。話者が考えていることを伝え，聴者がそれを理解し，相互に同じ認識を共有することは母語話者同士でも常にうまく行くとは限らない。特に，母語でない言語でコミュニケーションを行う時は尚更である。ことばに付与される意味は当該の文化，社会に基づいて形成されるので，異文化の話者にはことばの真意を推し量るのにしばしば戸惑うことがある。

　本論では，「日本人英語と意思疎通」と「日本人英語と母語話者英語（以下NE）の慣用表現」の2点に焦点を当て，生み出される問題について考察する。

2. 日本人英語と意思疎通

　日本人が英語を使ってコミュニケーシションを行う場合は意思疎通の問題に常に対峙しなければならない。これまでの日本の英語教育では，英語母語話者（以下NS）の発想する言語表現が最適であるとされてきた。しかしながら，そのような表現は日本人の発想と異なる場合も多く，心的葛藤を招くことが多々あった。逆に，日本人的発想による英語表現は相手に通じなかったり誤解されたりするのではないかと不安になる。この節では，英語使用時に上述の心的葛藤や意思疎通に不安感をいだく日本人英語話者に対して，文の意味を日本人話者としてできるだけ正確に且つ違和感なく伝えるにはどのように対応したらよいかを，具体例を挙げて考察する。

2.1. 汎用性に関わる事例
・事例1

（1）の例文は中学校で教えられる基本的な文型のひとつで，規範となっていると言ってもいいだろう。byに続く移動手段を変えることによって様々な移動形態を表すことが出来，極めて有効な文型であると教えられる。本名（2012）は，NSは（1）より（2）の表現を好んで使用すると指摘する。そして友人の英語母語話者の英語教師も（1）の文は間違いではないが，NSは通常（2）の文を使うので，（2）の文の方が適切な「生きた英語」であるという。そのように言われると日本人は（1）の文を「素人」的な文と考え（2）の文を「正しい」と思いがちである。

(1) I went to Kyoto by car last week.
(2) I drove to Kyoto last week.

確かに，(A) go to 〜 by car/plane/ship/train/bus を (B) drive/fly/ship/train/bus to 〜で置き換え可能である。但し，(B) 型はNE特有の文型である。日本人の英語使用時の対話の相手は必ずしもNSと限らない。どちらかというとNNSの場合が圧倒的に多い。そうだとすると go to 〜 by 〜のA型の方がより国際的汎用性が高いと言うことになる。敢えて（B）型の表現を使う必要はなくなる。

・事例2

同様に，日本の中学校の英語クラスで，時刻を聞く文として教えられるのは下記の（3）の文である。

(3) What time is it now?
(4) a. Have you got the time?
    b. Do you have the time?

これも，英国では親しくない人に時刻を聞く場合ほとんど（4a）の文が，米国では（4b）が使われるので，（3）の文は不適切であるとのコメントが寄せられることが多い。この例も前例と同じく，（4）の文はNE特有の表現であり，

（3）の文の方が汎用性は高いと言える。そもそも，時刻を示す場合にhave動詞を使うこと自体，日本人にとっては違和感がある。英国，米国内ならともかく，（4）の文を敢えて使う必要はない。

2.2. 日本人のアイデンティティー・心情に関わる事例
・事例1
　友人間で食事を奢ったり奢られたりする時にNSが使用する表現は多々あるが，下記の（5），（6）等がその典型であろう。

(5) I'll buy you lunch.
(6) I'll treat you to lunch.

NSは（5）の表現を先ず思い浮かべるようであるが，日本人は（6）の表現を好む傾向があるようだ。この様な状況を表現する日本語の「お昼をご馳走させて下さい。」を頭に浮かべての発想である。日本人にはこのような「好意」を伝える時に「buy」のような金銭取引に関する動詞を使用するのは抵抗感を覚えるからである。「相手の昼食分の金を払う」ことを明確化することで相手に負担感をかけたくないからである。また，金銭に関することの言語化は「はしたない」と考える日本文化にも起因するものである。この様な場合は，英語母語話者が選択するからと言って敢えて（5）の表現を選択する必要はない。より日本人の心情に合った（6）の文を選択したい。
　ただし，日本人のアイデンティティー・心情と言っても個人差は当然存在する。（5）の文に対して抵抗感を持たない日本人もいる。その様な人達には（6）の文は単に代替表現の一つであり敢えて選択する必要はないのは当然である。

・事例2
　上記と同じように食事に関係する下記の表現でも日本人の心情に関わる事例がある。

(7) You must eat it !

(8) There is nothing to eat. Please eat them.
(9) I wonder if there is anything tasty for you to eat, but please help yourself.

客に食事を勧める場合に典型的な日本語の表現は「何もありませんがどうぞ召し上がって下さい。」であろう。(7) は同じような状況で NS がよく口にする表現である。義務を示す助動詞を使い「強制的」に食することを勧める表現である。謙譲的な表現で押し付けがましくないようにする日本語の表現と対照的である。もっとも，(7) の真意は，敢えて「強制的」な表現を用いて相手の接食を願う気持ちが強いことを伝えることで歓待の意を示すことであろう。しかし，日本人にとっては，(7) の真意を認識したとしても使用するには抵抗感があるであろう。日本人としては，やはり (8) の様な表現を想定するのではないだろうか。(8) の文は，日本的な心情を解する文化を有する人達に対しては有効な表現となり得るが，そうでない人達に対しては「察し」を期待するしかないので理解されるのは難しいであろう。それを考慮に入れると (9) の文が候補として浮上する。少し説明的過ぎるので煩雑感があるが，(8) より意味の疎通が図られるであろう。(8) より (9) の文を使用すると言う適応 (accommodation) を考慮することによって (7) の使用を避けることができ抵抗感を和らげることが出来る。

　森住は，森住 (2008) で，下記のような例文を挙げ似たような議論を展開している。

(10) This isn't very delicious, but please help yourself.
　　　（粗茶ですが，どうぞ。）

森住は，このような表現を，英語母語話者が不可解に思うかもしれないが，積極的に使っていくべきであると主張する。加えて，このような表現を確立することで World Englishes の一つとしての「日本英語」を構築していくことを目指している。森住の主張はある程度理解できるが，第1章で述べたように，規範的な「日本英語」の構築と結びつけることは問題であると考える。

　「日本英語」とは構築するものではなく，多くの日本人が必要とするならば

自然に生まれるものである。

2.3. 日本文化に関わる事例
・事例1

人間関係や家族関係は各文化固有であって，それが言語表現の是非に影響を与えることがある。下記の例文 (11) は，多くの日本人にとっては非文とする理由はあまりないように思われる。

(11) I promise you that my son will leave tomorrow.

ところが，この文を受け入れがたいと考える異文化の人達がいる。彼等は，約束とは原則自分に関しての約束しかできないもので，たとえ息子であっても別人格の人間の約束はできないし，すべきでないと考える。よって，動詞 promise は主文の主語と従属文の主語が一致あるいはほぼ一致すべきであると考える。音声と統語では問題ない文が意味解釈の違いで是非が分かれる興味深い事例である。吉川 (1988) で行った息子を未成年の大学生と設定したアンケート調査では，成人の NS のほぼ全員が (11) に拒否反応を示し，日本人成人は (11) の日本語版に70％以上が是文と回答した。ちなみに，下記の例文 (12) では逆の回答となった。成人の NS はほぼ半数が (12) を是文と回答したが，日本人成人は (12) の日本語版に70％以上が非文と回答した。日本では夫は家族を自己の延長として捉える傾向があると言われる。いわゆる in-groupness である。suppose は promise と異なり非同一主語制約を有するので対照的な結果となった。

(12) I suppose that my wife can play the piano.(謙譲表現でなく，can は能力を表す)

では，この様な文を使用することの是非を考える必要がある。結論を言えば，相手の文化を考慮して使用の可否を判断すべきであろう。個人主義的な文化を有する相手にはこのような文の使用を避けた方が誤解を招かなくてよいであろう。これも適応 (accommodation) を考慮すべき事例である。

・事例 2
　日本人は例文 (13) の使用に問題を感じない。「彼の家は金持ちだそうだ。」と解する。しかし，NS は違和感を覚えるようである。

(13) I hear that his house is rich.

彼等が感じる違和感は house と rich の共起性である。house は建造物であるので形容詞 rich で修飾するのは不適切である。rich は（裕福な）人とか（肥沃な）土地のような使い方が主で建造物の修飾には適さないと感じる。彼等にとっては (13) の文は不完全な文で，敢えて解釈を試みても (14) か (15) のどちらか判別できないそうである。つまり，rich を生かせば (14) になり，house を生かせば (15) となる。

(14) I hear that his family is rich.
(15) I hear that his house is gorgeous.

このような違いは，「house」と日本語の「いえ」との意味範囲の違いから生まれるものである。日本人にとって「いえ」は単なる建造物ではなくそこに住む家族を包含するものであって，日本の伝統的な家（いえ）制度や家系と通じる。似たような家制度を有する韓国人なら問題なく (13) の文を理解するであろう。

　では，(13) の文を使用することの是非を考える必要がある。やはり前例と同じく相手の文化によって使用の是非を考えるべきであろう。「家」に関して似たような文化を有する人達には使用可能であるがそうでない人達には配慮が必要であろう。前例同様，適応（accommodation）を考慮すべき事例である。

2. 4. 慣用表現に関わる事例

　慣用表現に関して問題となるのはその普遍性と相対性である。例えば，メタファーに関して問題となるのはその文化相対性である。同じメタファーが文化の違いによって比喩されるものが異なると誤解が生ずることになるからである。逆に，普遍性の高いものは誤解が生じにくい。turtleneck sweater などはその好例であろう。ここで問題になるのは相対性のメタファーを使用した時の

意味の疎通である。

・事例1
　日本人なら「強靭な男性」を虎に喩えて下記の（16）の文を発する可能性は高い。

　（16）　He is a tiger.

tigerの「強さ」には普遍性があると考えられるので問題ないように思われるが，「強さ」だけでなく付加的に他のイメージも有する文化もある。例えば，英語圏文化ではtigerは強いけれども獰猛さや残忍さも備え持つとイメージされる。虎と同様に強いが，知的で理性的であるイメージを有するライオンとは対照的である。（16）の文を使用するときは相手の異文化を考慮して，文意を別途説明するなどの手当をした方が無難であろう。
　逆に，聴者の立場で（17）のような文を発せられたときは日本語の「キツネ」のイメージで解することになるであろう。

　（17）　She is a foxy girl.

英語圏文化でのキツネのイメージを知らないと「綺麗な女性」ではなく「人をだます腹黒い女性」と解するであろう。この1例だけでも異文化理解の重要性が分かる。ちなみに，中国では日本と似たようなイメージを持っているが，韓国では「気の利く女性」と解し韓国男性に人気があると言われている。似たような文化を有するアジア地域でもメタファーの多様性には注意が必要である。

・事例2
　色彩語メタファーも文化相対性が高い。（18）の文は日本語の「ピンク」のメタファーを利用したもので，多くの日本人にとっては「猥褻な映画」を意味する表現である。

　（18）　This is a pink movie.

NEではpinkには「健康な」イメージがあり「猥褻」には関係ない。NSや

NEのpinkのイメージを学習済みのNNSには，(18)の文は通じないと考えられる。日本と同じようなメタファー感を持たない文化のNNSも同様である。では，代替としてNEの(19)の表現を使うことはどうであろうか。

(19) This is a blue film

これも余り良い解決策とはならない。NEのblueの持つ「猥褻な」イメージを共有しない人達にとっては同じように通じない。結論としては，(20)のようなメタファーを使用しない表現の方が無難であろう。

(20) This is an obscene movie/film.

本名は，本名(2000)で，慣用表現に関して興味深い言及を行っている。本名は，夫々の英語変種で生まれる独自の慣用表現を認めるべきであると主張する。彼は以下のような例文を挙げて英語変種間の平等性を主張している。

A. He has a wide face（彼は顔が広い）.
   He had a black belly（彼は腹黒い）.
   He has a tall nose（彼は鼻高々である）.
B. He has a bitter tongue（彼は毒舌家である.）
   He has a sweet tooth（彼は甘党である）.
   He has green fingers（彼は園芸が上手い）.

上述のBにあるような英米語の慣用表現を認めるのであるなら，Aにあるような日本語の慣用表現の直接的な表現を認めないのは不公平であると本名は主張する。そして，多様な意味の異なる慣用表現の違いの相互理解は，メタファー理解教育や異文化理解教育で対応できるとも主張している。本名の主張は英語変種の平等性を謳う国際英語の理念に照らして理解できる主張である。本名は他に，I can do it before breakfast.（そんなことは朝飯前にできる）.やMy son is still chewing my leg（息子はまだ脛かぎりだ）.などの表現も多くの異文化の人に理解可能であると述べている。

しかしながら，上述したように，夫々の文化に根ざした様々な慣用表現の使用によって意思の疎通が妨げられることが多く予想される。そのような疎通の

不具合ができるだけ起こらないようにするには，本名の言うように，理想としては異文化理解の観点から夫々の多様な文化を正確に把握し，全ての慣用表現を理解できればよいが，そのようなことは実際上多大な時間と困難さが想定されるであろう。日本人英語話者にとって全ての異文化を理解するのは不可能である。基本的には普遍性があると思われる慣用表現の使用を問題ないが，相対性の強い慣用表現は使用に際しての選択や何らかの順応，手当てが必要になるのではないだろうか。例えば，He has a wide face.(彼は顔が広い）については，「これは日本の慣用表現であり意味は He is well-known. である」等のような補足説明を行えば誤解や齟齬は避けられる。

3. 日本人英語と NE の慣用表現

上述の１では，日本人英語話者として NE と異なる表現を発信する場合に起こる問題を意味論の視点で考察したが，ここでは，日本人話者が英米文化に裏打ちされた慣用表現を受信，発信する場合，どのような問題が生じるかを考察し，その問題の解決策を提案したい。

3. 1. NE の慣用表現に対するに認識

一般に，慣用表現は当該文化に深く根差しているので異文化の人達には理解が難しい場合が多々ある。NE の慣用表現も，いわゆる英米文化と深く関わっているので NNS にとっては理解の妨げになる場合が少なくない。この問題に対してどう対処したらよいかの問題に鈴木は以下のような考えを述べている。

鈴木（1985）は，日本人が英語を国際語として使用する場合には英米文化に根ざす慣用的な表現は役立たないと述べている。特に「英米人以外の相手には，このような慣用句をいくら苦労して覚えて使ってみても，無駄骨になるわけだ」と言い切る。確かに，国際共通語として英語を使用する時に慣用表現の使用を避けることにすれば無駄と誤謬が減少する。これも一つの考え方ではある。しかし，言語によるコミュニケーションは機械的な情報交換だけではなく，おたがいの人間関係の構築をも目指すべきものである。言語と文化の関係は相対的なものであるので，お互いに相手の慣用表現を適切に理解できれば，

コミュニケーションをより円滑に行うことができたり，相手の考えがより深く正確に理解できたりする効果が得られる。

では，日本人がNEの慣用表現を含んだ表現を受信，発信を行う場合，その慣用表現を本来の意味通りに解しているのだろうか。それが問題なのである。この問題を解決するには全てのNEの慣用表現を学習していれば良い訳であるが，2万とも言われるNEの慣用表現を学習し記憶することは不可能であるし，その必要性も低い。教える立場の英語教師にとっても全てのNEの慣用表現を教えることは時間的に言っても極めて難しい。何か有効且つ簡便な対応策を考える必要がある。次にその対応策を考察する。

3. 2. NEの慣用表現をどのように理解するか

吉川（2008）は，対応策を考える前に，先ず，日本人がNEの慣用表現をどのように理解しているかを把握するために以下のようなアンケート調査を行った。　NEの慣用表現を日本の大学生に提示し，その意味を問う形式のアンケート調査を行った。アンケート対象者は175名の大学生で，以下のような質問形式で実施した。質問数は12である。

【質問例】
次の英語の慣用表現は聞いたことがありますか。（　はい　　いいえ　）
〇で囲んで下さい。
　　　Walls have ears.
この表現の意味を日本語で書いて下さい。初めての人は想像して書いて下さい。
(_____)

以下がそのアンケート結果である。

表1 慣用表現の理解度調査結果

	慣用表現	正解率(%)	正解者数	既知者数(正解者数)
1	Walls have ears.	76.7	134	43 (39)
2	He shut his mouth.	75.6	132	21 (18)
3	He works at a snail's pace.	59.4	104	4 (4)
4	He scratched his head.	48.0	84	5 (1)
5	Money talks.	43.4	76	15 (11)
6	She is a foxy girl.	9.1	16	10 (4)
7	He pulled my legs.	7.4	13	51 (10)
8	He stood the world on its head	1.7	3	4 (0)
9	She takes anything he says with a pinch of salt.	1.1	2	1 (0)
10	He kicked the bucket	0.6	1	5 (1)
11	He always keeps his nose clean.	0	0	7 (0)

N = 175

次に, 個々の慣用表現について正解率を考慮して分析して行く。

3.2.1. 高正解率の慣用表現

先ず1. Walls have ears. であるが, この英語表現を既に知っていると答えた学生は43名 (24.6%) であるが, 正解率は76.7%と高率である。このような高率は日本語に似たような慣用表現「壁に耳あり, 障子に目あり」の類推と考えられる。このような共通性からこの英語の慣用表現の意味把握は比較的容易である。言い換えれば, 意味の透明性は高いと言える。

同様に, 2. He shut his mouth. は日本語の慣用表現「口を閉ざす」と意味はほぼ平行しているので75.6%の高率となったと考えられる。既知者数が21名 (12%) と低いにもかかわらず高率である。これも意味の透明性が高いといえる。

3. He works at a snail's pace. も既知者数4名というなかで正解者数104名, 率にして59.4%の高率になった。これは蝸牛という生物の行動生態からの類推であろう。世界中の蝸牛の共通特性を認識した結果と言える。この慣用表現の透明性も高い。

以上の意味把握が比較的容易な3表現をAタイプとする。

3.2.2. 中正解率の慣用表現

4. He scratched his head. であるが，似たような日本語の慣用表現の「頭を掻く」は英語版と意味がずれる。英語では「困惑する」という意味が中核であるが，日本は「照れる」である。意味の重なる部分もあるが，日本語の意味に引かれての誤答が圧倒的に多かった。意味把握の透明性は少し低くなる。

5. Money talks. も日本語の「金がものを言う」に対応した類似の慣用表現であるが，予想以上に正解率が高くなかった。「お金が喋る／話す」などの回答が多いことから，大学生の母語の慣用表現に対する知識の欠如や，この慣用表現の深層意味の抽象性の高さから意味把握が難しいことが原因と考えられる。これは英語の知識の問題よりは日本語の知識の問題であろう。しかし，既知者数が少ない割には正解率が比較的高いのはやはり意味の類似性に起因すると考えられる。意味の透明性は中程度といえる。

3.2.3. 低正解率の慣用表現

このグループに該当する6表現はさらに2グループに下位区分される。

1) 解答が一様な慣用表現

6. Shi is a foxy girl. 7 He pulled my legs. 8 He stands the world on its head. の3表現はそれぞれ一様な誤解答の傾向が見られる。6では「セクシーな女性」という正解に対して「ずる賢い女性，うそつきな女性」の誤解答が圧倒的に多かった。日本語における狐のメタファー理解が影響していると考えられる。日本では，狐は「ずるがしこい」，「人をだます」動物と考えられているので否定的な意味となる。メタファーに関する文化的な相違を教授する必要がある。7も「からかう」の正解に対して殆ど「邪魔をする」の誤解答であった。日本語にある文体的に似た慣用表現「足を引っ張る」からの連想であると考えられる。また，8でも，「混乱させる」の正解に対して「指導的立場に立つ」の解答が殆どであった。日本語での「先頭の立つ」からの類推であると思われる。7と8は，英語と日本語の夫々の慣用表現が，文体的に類似しているが意味的にはずれていることからおこる意味解釈の離齬であると考えられる。しかし，解答者はその英語の慣用表現を理解したものとするのでコミュニケー

ションに支障を来たす恐れがあると想定される。対話者間の誤解を生む原因となりうる。

このような表現に出会うと自文化に引き付けて解釈し，誤解してしまうので注意が必要である。それによって透明性が阻止されてしまう。この3表現をC-1タイプとする。

2) 解答が多様な慣用表現
9. He kicked the bucket., 10. She takes anything he says with a pinch of salt. と 11. He always keeps his nose clean. のような慣用表現をC-2タイプとする。これらの慣用表現の解答は多様であった。これらの表現は未知の解答者にとって意味の把握が殆ど困難であろうと想像される。今回のアンケートでは，解答者には意味が分からなくても解答をするように指示したので未知者は憶測で解答した。日本語に文体的，意味的に類似の慣用表現がないので理解への手掛りさえないために多種多様な答えになったと想定できる。本来ならこのような慣用表現に出会った場合には，理解不可能であるのでコミュニケーションの中断を来たすことになるであろう。しかしながら，C-1グループのような誤解は生じないといえよう。

3.3. 慣用表現教育のストラテジー
3.3.1. タイプ別の学習ストラテジー

上記の11の慣用表現を4つのタイプに区分したが，夫々の解答傾向は様々であった。意味把握の透明性の観点からみると以下のようになる。

表2 意味把握の透明性

タイプ	透明性
A	高
B	中
C-1	低
C-2	低

Aタイプの慣用表現は，英米の標準英語変種と日本語の双方に文体的，意

味的に類似した慣用表現が存在したり，共通の普遍的な意味が内在したりするので意味把握は比較的容易であり，高い正解率を示している。このタイプの慣用表現は，原則として，英語教育の現場では特に手当てを必要としないと考えられる。

Bタイプの慣用表現は，文体的に類似した慣用表現が双方に存在するが，意味の重なりに一部ずれがある。その結果50％前後の正解率になったと考えられる。このようなタイプの慣用表現に対してはある程度の教育的手当てが必要であると思われる。

C-1タイプの慣用表現であるが，文体的に類似した表現が双方に存在するが意味的な重なりが殆どないので，誤解を生ずる可能性が極めて高い。英語教育の現場での手当てや対策の必要性が強く要求される。

C-2タイプの慣用表現も極めて正解率が低い。しかしながら，前述したように，コミュニケーションの中断を生じさせるものの解を招く可能性は低いと思われる。「聞き手」はその慣用表現の意味が分からないので「話し手」に意味の提示を求めると想像される。コミュニケーションの中断は好ましいものではないので，この種の慣用表現にも教育的手当てをすることに越したことはないが，緊急性も低く手当ての優先順位も低い。当面は「手当て」を必要としないであろう。

以上のことから「手当て」の必要性に関して以下のような対照が示され得る。

表3 「手当て」の必要性

タイプ	透明性	教育的手当て
A	高	特に必要ない
B	中	ある程度必要
C-1	低	極めて必要
C-2	低	必要姓は低い

以上から言えることは，英語教育の観点からは，対象とする英語変種の慣用表現に関してC-2，B，C-2，Aの順で学習者を教授するのが望ましいと考えられる。また，日本語の慣用表現の英語化に際しても，この順序を考慮して行う

よう注意を喚起する指導も必要であろう。

3.3.2. 慣用表現に対する認識と対応

　アンケートでは，日本人大学生が被験者になり英米の標準英語変種における慣用表現の解釈という構図であるが，当然その逆の構図も考える必要がある。本名（2000）で述べられている英語変種間の平等性から，日本人が一方的に他の英語変種の慣用表現を学習するのではなく，例えば，母語話者も日本人英語では別の意味があることを学習する必要がある。文体的，意味的な重なりとずれを相互が相手の英語変種について学習することで誤解が相乗的に軽減される。これはENLの英語変種とESL・EFLの英語変種間だけの組み合わせでなく，全ての英語変種の組み合わせに共通していえることである。また，自文化と他文化の相違の程度によっても理解度の難易度が異なる。例えば，日本人と韓国人が英語でコミュニケーションを行う時は相互の文化的な共通性の高さから，日本人とアメリカ人の時より慣用表現に関して理解度は高くなると考えられる。透明性の高いAタイプが多ければ当然相互理解がたやすくなるであろう。いずれにしても，本論で提示したストラテジーは試論であるが，それを基礎的な枠組みとして使用すれば慣用表現の相互理解の助けとなり得るであろう。加えて，異文化理解とプロトタイプ意味論などによって意味の把握を容易にすることも可能であろう。言い換えれば，英語学習と共に，Language awarenessやculture awarenessの学習を推し進めることが必要であろう。

4. まとめ

　日本人が英語でコミュニケーシションを行う時に，日本人的発想に基づく言語表現に対して警告を受けたり不安を抱いたりすることが往々にしてあった。これまでの日本の英語教育では，NSが発想する言語表現が最適であるとされてきたからである。しかしながら，そのような日本人的発想による表現を封じ込めたり捨て去ったりするのは国際英語の理念に沿わないものである。汎用性，アイデンティティー，文化，慣用表現に関わる事例から分かるように，一部に適応（accommodation）の必要はあるが，原則として日本人的発想に基づ

く言語表現を活かす方向で考えるのが望ましい。

　NEの慣用表現に接するとき，その意味理解に，誤解や不理解を招くことは多い。背景となる文化が異なっているので避けられない事ではあるが。全ての慣用表現を原義のまま理解することは不可能である。しかし，意味の透明性を尺度にして慣用表現を分類し，効率的に問題解決をめざす教授法を提案した。更に，この種の言語学的な対応だけでなく異文化理解，メタファー理解，プロトタイプ意味論，Language awareness, culture awareness などの助けを併用することによって一層の理解が可能なことを示唆した

注
1. 本論は，吉川寛（2016）「日本人英語と意味」『「国際英語論」で変わる日本の英語教育』(pp.155-172) に加筆，修正を加えたものである。

参考文献

本名信行（2012）「英語が国際言語であるとはどういうことか」，『企業・大学はグローバル人材をどう育てるか』，アスク出版. 10-19

森住衛（2008）「日本人が使うEIAL―立脚点・内実の方向性・教科書の扱い―」，『アジア英語研究』第10号，日本「アジア英語」学会. 7-28

鈴木孝夫（1985）『武器としてのことば』，新潮社，東京．

矢野安剛（1990）「ノンネイティヴ・スピーカー・イングリッシュ　イギリス人の考え方」，本名信行（編）『アジアの英語』，くろしお出版，309-326.

吉川寛（2006）「国際英語のintelligibilityの視点からの英語教育ストラテジー試論―慣用表現に焦点を当てて―」，『中京大学国際英語学部紀要』第7, 8合併号. 41-48

吉川寛（2008）'International intelligibility in World Englishes : focusing on idiomatic expressions,' *Intercultural Communication Studies XVII : 4 A Festschrift for Nobuyuki Honna*, ICCC. 219-226

吉川寛他（2008）「国際英語の観点からみた日本人英語」，『JACET中部25周年記念論文集』. 31-56

身体名称に関する慣用表現の類似性と相違性
―日・英・韓の比較に見る―[1]

吉川　寛

1. はじめに

　英語が広く世界に広まるにつれて，英語に国際共通語としての役割を求める考えが強くなってきている。しかしながら，多様な英語変種の誕生により統語，音韻，意味の各部門での相違も多様化しているのが現状である。多様な英語変種をその話者のアイデンティティーのシンボルとみなすのが基本的コンセプトである国際英語論の立場では，英語の国際的な intelligibility をどのように確立するかは愁眉の課題である。Gimson (1978), Jenner (1997), Hung (2002) は，音声面での intelligibility に関しての提言がある。Jenkins (2003) では，音声と語彙構造に関しての検討がなされ Lingua Franca Core の構築を提唱している。意味の領域においては，慣用表現の使用を原則制限するという鈴木（1985）の提案や，基本的には全変種の慣用表現を是認する立場をとる本名（2000）の提案がある。吉川（2005）では，慣用表現の使用に関しての学習ストラテジーを提案し，意味の分野における英語の international intelligibility を目指す試論を展開している。本論文では，日本語，韓国語，英語に見られるいくつかの身体名称に関する慣用表現を比較対照し，その類似性と相違性を探り，英語を共通語とするコミュミケーションの場での慣用表現使用の可否を論ずる。

2. 慣用表現の意味の透明性

　慣用表現には，共通する普遍的な意味特性の故に比較的解釈が容易なものから，固有の文化に深く根ざしているので解釈が容易でないものまで様々である。言語的な類似性と意味的な類似性の観点から日本語と英語の身体名称に関

する慣用表現を以下のように分類できる。

＋L＝言語的類似性がある（Linguistic similarity）
－L＝言語的類似性がない（Linguistic dissimilarity）
＋S＝意味的類似性がある（Semantic intelligibility）
－S＝意味的類似性がない（Semantic unintelligibility）

	英　語	日本語	類似性	意味の透明性
Type A	to shut one's mouth vs.	口を閉じる	（＋L, ＋S）	高
Type B	to stand on one's own feet vs.	（該当なし）	（－L, ＋S）	高
Type C	to scratch one's head vs.	頭を掻く	（－L, ±S）	中
Type D	to get one's head down vs.	頭を下げる	（＋L, －S）	低
Type E	to play it by ear vs.	（該当なし）	（－L, －S）	低

　Type Aの英語の慣用表現 to shut one's mouth に対応する日本語「口を閉ざす」は言語的にも等しいし，意味的にもほぼ同じと言える。よって類似性は（＋L, ＋S）となり意味的な透明度は高くなる。このような慣用表現の使用はコミュニケーションにおいて殆ど誤解を生じさせないと言える。

　Type Bの to stand on one's own feet（自立する）には対応する日本語の慣用表現は存在しないが，意味を類推することは可能である。類似性は（－L, ＋S）であるが，意味的な透明度は高くなるのでこのような慣用表現の使用はType Aと同様，英語でのコミュニケーションにも誤解を生じる可能性は低いと言える。

　Type Cは，英語の to scratch one's head には日本語の「頭を掻く」が言語的には対応する。しかし，英語では「困惑する」の意味であるのに対し日本語は「困惑する」の意味もない訳ではないが主として「照れる」の意味であるので意味範囲がずれる可能性がある。類似性も（－L, ±S）となり意味の透明性もそれほど高くない。このような場合はミュニケーションに誤解を生じさせる可能性があるので使用には注意が必要である。しかし，このような慣用表現は余り数が多くなく，対応はそれほど困難ではないであろう。

Type D の to get one's head down に対して日本語にも言語的に同じような慣用表現である「頭を下げる」が存在する。しかしながら，英語の「仕事を再開する」の意味は日本語の「謝罪する」とはまったく異なり類推できない。類似性は（＋L,－S）とない意味的な透明度は低い。このような慣用表現は自文化での意味解釈をすることによりコミュニケーションで誤解を生じさせる。何らかの対応は必須である。

Type E の to play it by ear（臨機応変にやる）は，言語的にも意味的にも日本語には対応するものがない。類似性は（－L,－S）となり意味の透明性も低い。このような慣用表現が使用されると，理解不可能であるのでコミュニケーションは中断されるが少なくとも誤解は生じさせない。

以上のような分類基準を使って英語，韓国語，日本語の「顔」,「頭」「足」,「鼻」の4つの身体名称に関する慣用表現を分析した[2]。

3. 身体名称の分析

「頭」「顔」「足」「「鼻」の四つの身体名称に関する慣用表現の類似性と相違性について分析を行ったところ類似性の高いものと低いものの2つのグループに分類できた。

3.1. 類似性の高い慣用表現
3.1.1.「顔」に関する慣用表現

「顔」に関する慣用表現は，下記の表1にあるように，日本語，英語，韓国語ともほぼ同数である。

表1

顔に関する慣用表現		
日本語	韓国語	英　語
46	43	45

次に，日本人英語話者から見た韓国語，英語の慣用表現に対する類似性の比較例を以下の表2に示す[3]。

表2

	日本語	韓国語	英　語
1	顔を出す	(＋L＋S)	(＋L＋S)
2	顔が広い	(＋L＋S)	(－L－S)
3	(－L＋S)	顔が熱い	(－L－S)
4	(－L－S)	顔がかゆい	(－L－S)
5	(－L＋S)	(－L＋S)	to have a face like thunder
6	(－L－S)	(－L－S)	to have a long face

　日本語の「顔を出す」は韓国語にも言語的，意味的に同じ表現がある。英語には *to show one's face* がほぼ対応する。「顔が広い」は韓国語に同様な表現があるが英語には見当たらない。

　韓国語の「*顔が熱い*」は「恥ずかしい」の意味であるが，日本語の「顔から火が出る」の類推で解釈は可能であろう。「*顔がかゆい*」も「恥ずかしい」の意味であるが類推は難しいであろう。英語の to *have a face like thunder* は「ひどく怒った顔つきで」の意味であるが，thunder の類推から意味の憶測は可能であろう。*to have a long face*「浮かぬ顔をする」は学習しなければ理解は不可能であろう。

　このような分析を全ての「顔」の慣用表現で行い以下のような結果を得た。まず，日本人英語話者から見た韓国語と英語の慣用表現への類似性は表3のようであった。

表3

(＋L＋S) の数		(＋L＋S) と (－L＋S) の数	
韓国語	英　語	韓国語	英　語
26	6	30	15

百分率で表すと以下の表4のようになる。

表4

(＋L＋S) の%		(＋L＋S) と (－L＋S) の%	
Korean	English	Korean	English
60.5	13.3	69.8	33.3

結果から先ず言えることは，日本語と韓国語の類似が非常に高いということである。（＋L＋S）が26あり，（－L＋S）も含めると30となる。日本人英語話者は英語で提示される韓国語の顔の慣用表現の69.8％が理解できるということである。次に英語との比較であるが，韓国語ほど高くはないが，それでも3分の1は＋Sとなった。Type E に相当すると考えられるものが15あるので，それと合わせれば70％近くの慣用表現がコミュニケーションに誤解を生じさせないことになる。

3.1.2.「頭」に関する慣用表現

「頭」に関する3言語の慣用表現の総数は以下表5の様である。

表5

頭に関する慣用表現		
日本語	韓国語	英語
41	34	78

類似性の比較例は以下の表6に示す。

表6

	日本語	韓国語	英　語
1	頭を使う	（＋L＋S）	（＋L＋S）
2	頭に浮かぶ	（＋L＋S）	（－L－S）
3	（－L＋S）	頭を向かい合わせる	（－L－S）
4	（－L－S）	頭が大きい	（－L－S）
5	（－L＋S）	（－L＋S）	to hold a gun to someone's head
6	（－L－S）	（－L－S）	to bring to a head

日本語の「頭を使う」は韓国語にも全く同じ表現が存在する。英語の *to use one's head* も言語的，意味的に同じである。「頭に浮かぶ」は韓国語に同様な表現があるが英語には存在しない。韓国語の「頭を向かい合わせる」は「熟考する」の意味であるが，ある程度類推可能である。「頭が大きい」は「成人して言うことを聞かない」を意味するがそれを推測するのは無理であろう。英語の *to hold a gun to someone's head* は「脅す」の意味であるが理解可能である。to bring to a head は「重大な局面をもたらす」の意味であるが類推は難

しいといえる。

このような分析から得られる日本人英語話者から見た韓国語と英語の慣用表現への類似性の分析結果は以下の表7，8である。

表7

（＋L＋S）の数		（＋L＋S）と（－L＋S）の数	
韓国語	英　語	韓国語	英　語
23	10	26	20

表8

（＋L＋S）の％		（＋L＋S）と（－L＋S）の％	
韓国語	英　語	韓国語	英　語
67.6	12.8	76.5	25.6

この結果から言えることは，「顔」と同様に韓国語との類似性が高いということである。意味解釈が可能なのは76.5％で，Type Eに属するものが3あるのでそれを含めば85.3％の韓国語の「頭」に関する慣用表現は日本人英語話者にとってコミュニケーション時に意味解釈の障害にならないということである。英語の表現は，分母となる総数が多いので英語にとっての類似率は4分の1程度であるが，Type Eに相当するのが27あるので，日本人にとっては，78ある英語の「頭」に関する慣用表現の内60％近くはコミュニケーションに誤解を生じさせないことになる。

3.2. 類似性の低い慣用表現
3.2.1.「足」に関する慣用表現

「足」に関する慣用表現は，「顔」と同様，表9にあるように3言語とも同じような総数である。

表9

足に関する慣用表現		
日本語	韓国語	英　語
49	42	44

類似性の比較例は以下の表10に示す。

表10

	日本語	韓国語	英　語
1	足を洗う	(＋L＋S)	(－L－S)
2	足が地についている	(－L＋S)	(＋L＋S)
3	(－L－S)	足を切る	(－L－S)
4	(－L＋S)	(－L＋S)	to have itchy feet
5	(＋L,－S)	(－L－S)	to drag one's feet
6	(－L－S)	(－L－S)	to sit at someone's feet

「足」の慣用表現では3言語共通の類似表現はない。日本語の「足を洗う」は韓国語で言語的，意味的に同様の表現がある。「足が地についている」は，韓国語には同様の表現は無いが，英語には *to have one's feet on the ground* があり対応する。日本語の「手を切る」に当たる韓国語の「足を切る（縁を切る）」の理解は容易ではないであろう。英語の *to have itchy feet*（じっとしていられない）は意味の類推は可能であろう。英語の *to drag one's feet* は，日本語の「足を引っ張る」と言語的には同じであるが，意味は「しぶしぶ行う」となりType Dに当たるので注意が必要である。*to sit at someone's feet*（弟子になる）は類推が難しいのでType Eに当たる。

上述の分析から得られる日本人英語話者から見た韓国語と英語の慣用表現への類似性の結果は以下の表11，12である。

表11

(＋L＋S) の数		(＋L＋S) と (－L＋S) の数	
韓国語	英　語	韓国語	英　語
12	3	13	6

表12

(＋L＋S) の%		(＋L＋S) と (－L＋S) の%	
韓国語	英　語	韓国語	英　語
28.6	13.6	31	14.6

この結果から「足」は「顔」，「頭」に比較して類似性が低いということが分か

る。日本語と韓国語の間でも類似性はせいぜい三分の一である。英語との共通性は更に低く 14.6％である。韓国語との類似性が低いと英語についても同様に低いという相関が見られる。但し，Type E に当たるのが韓国語では 21，英語では 28 あるので韓国語では 80.1％，英語では 77.1％の「足」に関する慣用表現で意味の混乱を生じさせないことになる。

3.2.2.「鼻」に関する慣用表現

「鼻」に関する 3 言語の慣用表現の総数は以下の表 13 の様である。これまでの慣用表現に比べて数が少ない。鼻は身体部分として比較的限定された機能であるのでそれが原因と思われる。

表 13

鼻に関する慣用表現		
日本語	韓国語	英　語
29	21	28

類似性の比較例は以下の表 14 に示す。

表 14

	日本語	韓国語	英　語
1	鼻にかける	(＋L＋S)	(－L－S)
2	(－L＋S)	鼻が地に付くほどに	(－L－S)
3	(－L－S)	鼻を落とす	(－L－S)
4	(－L＋S)	(＋L＋S)	nose to nose
5	(－L－S)	(－L－S)	to make a long nose at

「鼻」も「足」と同様 3 言語に共通する表現は無い。日本語の「鼻にかける」は韓国語にも同様の表現が見られる。韓国語の「鼻が地に付くほど（謝罪する様子）」は意味の類推は可能であろうが，「鼻を落とす（失望する）」は難しい。英語の *nose to nose* は「向かい合って」の意味であるが類推可能である。*to make a long nose at* は「馬鹿にする」の意味であるが理解不可能であろう。

上述の分析から得られる日本人英語話者から見た韓国語と英語の「鼻」の慣用表現への類似性の結果は以下の表 15，16 である。

表15

(＋L＋S) の数		(＋L＋S) と (－L＋S) の数	
韓国語	英　語	韓国語	英　語
4	0	6	3

表16

(＋L＋S) の％		(＋L＋S) と (－L＋S) の％	
韓国語	英　語	韓国語	英　語
19.0	0	28.6	10.7

「鼻」については「足」以上に更に類似率が低い。韓国語に対しても類似性が低く，それと相関して英語に対しても低い。しかしながら，Type E に対応するのは韓国語で 13，英語で 20 あるので，韓国語では 90.5％，英語では 82.1％の「鼻」に関する慣用表現で意味の混乱を生じさせないことになる。

4．まとめ

　日本語，韓国語，英語の「顔」，「頭」，「足」，「鼻」の4つの身体名称に関する慣用表現を分析したがいくつかの知見を得た。先ず，類似率の高い慣用表現と低い慣用表現に分かれることである。他の身体名称も考慮しなければならないが，身体部位には多文化においての共通認識を生み出しやすいものとそうではないものがあることが予見される。その身体名称に通文化的な普遍的意味機能を持つことが考えられるが更なる検証が必要である。次に，「顔」と「頭」の比較で言えることは，日本語と韓国語間の類似性が高いが，それに比例して英語との類似性も相対的に高いということである。また，「足」と「鼻」では，日本語と韓国語間の類似性が低いが，それに比例して英語との類似性も相対的に低いことである。つまり，3言語の身体名称の慣用表現では，類似性，または相違性に相関関係が見られることである。このことは上述の通文化的な普遍的意味機能と関係していると思われる。しかし，このことが今回調査した一部の身体名称の慣用表現にだけ言えることなのか，あるいは広く一般化できるの

かは更なる検証が必要であろう。

　実際の英語によるコミュニケーション時での慣用表現の使用において，どの慣用表現にも言えることであるが，誤解を生じる確立は少ないと言える。誤解を生じる可能性があるのは Type C と Type D の慣用表現であるが，両方とも数が少ない。理解に問題が余り生じない Type A と Type B は慣用表現によって多少はあるが，理解はできないが誤解を生じない Type E を含めると総数の60％から90％となり，今回取り上げた慣用表現を敢えて会話時に排除する積極的な理由はないと言える。しかしながら，10％から40％の確立で誤解を招く可能性もあるのでそのための対策や手当ては当然必要である。そのような対策として慣用表現の学習ストラテジーが考えられる。英語教育において，先ず Type D の慣用表現の学習を優先させ，次に Type C の慣用表現を学習し，最後に Type E へと進むような学習ストラテジーを採用すれば誤解の確立も減少させることが可能になる。このような学習は非英語母語話者のみに課せられるのではなく英語母語話者も他の英語変種に対して同様な学習を前提とするものであることは言うまでもない。

　本論文では一部の限定された慣用表現であるが，いくつかの一般化が可能になった。このような一般化が慣用表現全体になされれば英語の意味領域での international intelligibility の構築に寄与するものと思われる。

注
1. 本論は，吉川寛（2008）「身体の名称に関する慣用表現の類似性と相違性」『中京大学国際英語学部紀要』第10号，(pp.33-42)に加筆，修正を加えたものである。
2. 3言語の慣用表現は，林（2002），赤祖父（1992），油谷（1993），新村（1999）から引用した。
3. 表の網掛け部分は筆者が韓国人英語話者と英語母語話者の立場で慣用表現の理解度を憶測で示したものである。

参考文献

鈴木孝夫（1985）『武器としてのことば』，新潮社，東京．

赤祖父哲二（編）（1992）『英語イメージ辞典』，三省堂，東京．

油谷幸利他（編）（1993）『朝鮮語辞典』，小学館・金星出版

新村出（編）（1999）『広辞苑』第5版 岩波書店，東京．

Honna, Nobuyuki (2000) 'Some Remarks on the Multicultualism of Asian Englishes' *International Communication Studies* Vol.X-1, San Antonio：IAICS

林八龍（2002）『日・韓両国語の慣用表現の対照研究―身体語彙慣用句を中心として―』，明治書院，東京

Jenkins, Jennifer (2003) *World Englishes A resource book for students*, Routledge, London.

東信行・諏訪部 仁（編）（2003）『ロングマン・イディオム英和辞典』，研究社，東京．

McGaleb, J. G. & Iwagaki, M (eds.) (2003) *All-Purpose Dictionary of English Idioms and Expressions* Ashahi-shuppann, Tokyo.

吉川寛（2006）「国際英語のintelligibilityの視点からの英語教育ストラテジー試論―慣用表現に焦点をあてて―」，『国際英語学部紀要』中京大学国際英語学紀要第7・8合併号，41-48．

資料1
「顔」の慣用表現

	日本語	韓国語（日本語訳）	英 語
1	青い顔をする	顔が真っ青になる	at the first face
2	合わせる顔がない	顔から血の気が失せる	before someone's face
3	いい顔をする	顔色をうかがう	blow up in someone's face
4	顔色から血の気が失せる	顔の色を変える	cast/throw …in someone's face
5	顔色をうかがう	顔色を見る	complain till one's blue in the face
6	顔色を変える	顔の光が変わる	face to face
7	顔色を見る	顔が蒼白になる	face the music
8	顔が一変する	顔を向かい合うことができない	face value
9	顔が青ざめる	顔が上げられない	fall flat on one's face
10	顔が合わせられない	顔が売れる	feed/stuff one's face
11	顔が上げられない	顔が固くなる	fling…in one's face
12	顔が売れる	顔が立つ	fly in the face of
13	顔が利く	顔が広い	grind the face of
14	顔が曇る	顔が和らぐ	have a face like thunder
15	顔がこわばる	顔から血の気が引く	have egg on one's face
16	顔が揃う	顔に泥塗りをする	have two faces
17	顔が立つ	顔を赤らめる	in someone's face
18	顔がつながる	顔を向かい合わせる	in the face of
19	顔がつぶれる	顔の光をうかがう	keep a straight face
20	顔が広い	顔をさらす	laugh in someone's face
21	顔がほころぶ	顔をそむける	laugh on the other side of one's face
22	顔から血の気が引く	顔を出す	a long face
23	顔から火が出る	顔をならべる	look…in the face
24	顔に泥を塗る	顔を見せる	lose face
25	顔に紅葉を散らす	顔から血の気が引く	make/pull faces
26	顔ぶれがそろう	顔の皮が厚い	not be just a pretty face
27	顔向けができない	顔の皮をはぐ	not know where to put one's face
28	顔を赤らめる	顔を向かい合って	off the face of the earth
29	顔を合わせる	顔がゼリー状になる	on the (mere) face of it
30	顔をうかがう	顔が通じる	put a new face on

31	顔をかす	顔がかゆい（恥ずかしい）	put on a brave face
32	顔をきかす	顔がない（面目がない）	put one's face on
33	顔をさらす	顔の値打ちをする（体面を保つ）	save face
34	顔をこしらえる	顔に黄塗りをする（恥をかかせる）	set one's face
35	顔をそむける	顔に墨塗りをする（恥をかかせる）	set one's face against
36	顔を染める	顔を上げて歩くことができない	shut one's face
37	顔を出す	顔に鉄板をしく（厚かましい）	show one's face
38	顔をつなぐ	顔を見て（体面を考慮して）	slam the door in someone's face
39	顔を直す	顔が割られる（対面が傷つけられる）	slap someone in the face
40	顔をならべる	顔が熱い（恥ずかしい）	Someone's face doesn't fit.
41	顔をのぞかせる	顔がほてる（恥ずかしい）	spit in the face of
42	顔を見せる	顔が赤い大根になる（恥ずかしい）	to someone's face
43	顔に書いてある	見る顔がない（合わせる顔がない）	turn face around
44	顔＋から血の気が引く		turn one's face to the wall
45	何食わぬ顔		was someone's face red
46	わがもの顔		

資料2

「頭」の慣用表現

	日本語	韓国語（日本語訳）	英 語
1	頭打ち	頭が上がらない	above/over someone's head
2	頭が上がらない	頭がいく	bang one's head against a brick wall
3	頭があつくなる	頭が痛い	be in over one's head
4	頭がいかれる	頭がかたい	bite/snap someone's head off
5	頭が痛い	頭が鋭い	big head
6	頭がかたい	頭がさがる	bone head
7	頭がきれる	頭をよく下げる	bother/trouble one's head
8	頭がさえる	頭が古い	bring/draw down upon one's head
9	頭がさがる	頭が良く回る	bring to a head
10	頭が働く	頭にある	bury/hide one's head in the sand
11	頭が低い	頭に浮かぶ	by a head
12	頭が古い	頭に入れておく	call down on someone's head

13	頭がよわい	頭に血が上る	can… (Standing)on one's head
14	頭がやわらかい	頭にない	cock one's head
15	頭が良く回る	頭を上げる	come/enter into someone's head
16	頭越しに	頭を痛む	come to a head
17	頭ごなしに	頭を抱える	cry one's head off
18	頭から水を浴びたよう	頭を絞る	eat/laugh/shout one's head off
19	頭から湯気を立てる	頭をそる	fall/be head over heels (in love)
20	頭にある	頭を使う	from head to foot/toe
21	頭に浮かぶ	頭を離れない	gather to a head
22	頭に入れる	頭を冷やす	get into someone's head
23	頭にくる	頭をもたげる	get it into someone's head
24	頭に血が上る	頭をふる	get one's head down
25	頭にない	頭が軽い	give his head
26	頭に立つ	頭が大きい	let someone have a head
27	頭に叩き込む	頭が回る	go(and)put /stick your head in a bucket
28	頭を上げる	頭が重い	go to someone's head
29	頭を痛める	頭がくさる	hang one's head
30	頭を押さえる	頭が裂けるほど	hang over someone's head
31	頭を抱える	頭を横に振る	have a (good)head on one's shoulders x
32	頭を絞る	頭を向かい合わせる	have a head for
33	頭をかしげる	頭に鉢巻をしてかかる	have a head for heights
34	頭をそる	頭の血も乾いていない	have a head like sieve
35	頭を使う		have/keep/maintain a level head
36	頭を悩ませる		have a maggot in one's head
37	頭を離れない		have an old head on young shoulders
38	頭をひねる		have one's head in the clouds
39	頭を冷やす		have one's head screwed on right way
40	頭をもたげる		have rocks in one's head
41	頭(かぶり)をふる		be/stand head and shoulders above

42			Head over ears
43			heads or tails
44			a head start
45			heads will roll
46			hold a gun to someone's head
47			hold one's head up
48			hold one's head high/up
49			keep one's head above water
50			keep one's head down
51			a King Charles's head
52			knock …. on the head
53			knock their heads together
54			lay /put one's head on the block
55			lose one's head
56			make head or tail of
57			make someone's head spin
58			nod one's head
59			not know if one is on one's head or one's heels
60			odd/queer in the head
61			off one's head
62			off the top of one's head
63			on someone's head
64			out of one's head
65			rear/raise its (ugly) head
66			right in the head
67			scratch one's head
68			shake one's head
69			soft in the head
70			stand on one's head
71			stoned out of one's head
72			a swollen head
73			take it into one's head
74			talk out of the top of one's head

75			talk someone's head off
76			throw oneself at someone's head
77			turn someone's head
78			Two heads are better than one.

資料3
「足」の慣用表現

	日本語	韓国語（日本語訳）	英　語
1	あげ足をとる	足取りが重い	at someone's feet
2	足が宙に浮く	足取りが軽い	at foot
3	足が重い	足場を失う	begin/get off/start….on the right/wrong foot
4	足がくぎづけになる	足場を固める	The boot is on the other foot.
5	足がすくむ	足を踏み入れる隙間がない	bound hand and foot
6	足が地につかない	足踏みをする	carry/sweep someone off his feet
7	足がつく	足を洗う	catch….on the wrong foot
8	足が出る	足を入れる	cut the ground from under someone's feet
9	足が遠のく	足を抜く	drag one's feet
10	足が速い	足をのばして寝る	die on one's feet
11	足が棒になる	足を踏み込む	fall/land on one's feet
12	足が向く	一足先に	feel/find one's feet
13	足腰が弱い	足取りが離れない	feet of clay
14	足蹴にする	足取りが遠のく	get back on one's feet
15	足手まといになる	足取りが向く	get/have cold feet
16	足取りが軽い	足がしばられる	get/have one foot in the door
17	足止めを食らう	足を並べる	get/put one's feet up
18	足並みが揃う	足取りのつくまま行く	get one's feet wet
19	足並みが乱れる	足の甲をつつかれる（	get/take the weight off one's feet
20	足に任せる	足の甲に火がつく	have itchy feet
21	足場を失う	足をうつす	have/keep a foot in both camps
22	足場を固める	あしげにかかる	have one foot in the grave
23	足の踏み場もない	足取りを変える	have/keep one's feet on the ground

24	足踏みをする	足取りが増える	have two left feet
25	足元がすくわれる	足取りが向く	my foot
26	足元につけこむ	足の甲を踏まれる	off one's feet
27	足元に火がつく	足場をとられる（	on foot
28	足元にも及ばない	足取りがゆれる	on one's feet
29	足元にも寄れない	足あがきをうつ	put/set a foot wrong
30	足元の明るいうち	足をぬいで出る	put one's best foot forward
31	足元を見る	足にひっかかる	put one's foot down
32	足を洗う	足をふみとどろかす	put one's foot in it
33	足を入れる	足を切る	run/rush….off his feet
34	足を奪われる	足をつける	set foot on/in
35	足を限りに	足が広い	sit at someone's feet
36	足をすくわれる	足が慣れる	stamp one's feet
37	足をとられる	足取りが多い	stand on one's own feet
38	足を抜く	かかとにも追いつかない	sweep….off his feet
39	足をのばす	かかとにも及ばない	throw oneself at the feet of
40	足をのばして寝る	自分の足がしびれる	under someone's feet
41	足を運ぶ	初足をふみこむ	vote with one's feet
42	足を引っ張る	一足先立つ	walk…off his feet
43	足を踏み込む		with both feet
44	足を向けて寝られない		with one's feet up
45	土足で上がる」		
46	二の足を踏む		
47	一足先に		
48	一足早く		
49	むだ足を踏む		
50			

資料4

「鼻」の慣用表現

	日本語	韓国語（日本語訳）	英　語
1	小鼻をうごめかす	鼻っ柱が強い	be no skin off someone's nose
2	小鼻をふくらませる	鼻っ柱を折る	before someone's nose
3	鼻息が荒い	鼻にかける	bloody someone's nose
4	鼻息をうかがう	鼻をぺちゃんこにする	bury one's nose in

5	鼻があぐらをかく	鼻っ柱が高い	cannot see beyond the end of one's nose
6	鼻が利く	鼻笑いをうつ	cut off one's nose to spite one's face
7	鼻が高い	鼻が地につくほどに	follow one's nose
8	鼻がつかえる	鼻がひねくれるほど	get up someone's nose
9	鼻薬をかがせる	鼻がどこについているか知らない	have a nose for
10	鼻毛を数える	鼻が50尺もぬける	have one's nose in a book
11	鼻毛を抜く	鼻をぶつけた犬を包むように	keep one's nose clean
12	鼻先であしらう	鼻の下の献上が一番	keep someone's nose to the grindstone
13	鼻先でせせら笑う	鼻から焦げる臭いがする	lead …by the nose
14	鼻っ柱が強い	鼻先も見ることができない	look down one's nose
15	鼻っ柱を折る	鼻先がさしこむ	make a long nose at
16	鼻つまみ（者）	鼻を落とす	nose to nose
17	鼻であしらう	鼻をつまむ	on the nose
18	鼻で笑う	鼻を突き合わせて	pay through the nose
19	鼻にかける	鼻の前にさしせまる	(as) plain as the nose on your face
20	鼻につく	鼻おならを出す	poke/stick/push one's nose into
21	鼻の下が長い	大鼻をけがす	powder one's nose
22	鼻の下をのばす		put someone's nose out of joint
23	鼻持ちならない		show one's nose
24	鼻もひっかけない		under someone's nose
25	鼻を明かす		rub someone's nose in it
26	鼻をうごめかす		thumb one's nose at
27	鼻を折る		turn one's nose up at
28	鼻をつき合わせる		with one's nose in the air
29	鼻をならす		

韓国の英語事情[1]

吉川　寛

1. はじめに

　日本と同じく Expanding Circle に属する韓国は，近年，英語教育に力を傾注している。韓国は GDP の 50％以上が貿易によってもたらされる加工貿易立国であるので，ビジネスや経済の世界で国際共通語となっている英語の重要性を痛感しているからである。東アジアでいち早く取り組んだ韓国の早期英語教育などは日本にとって模範と捉えられている程である。韓国国民にとっても，大学受験や就職などの重大な局面で英語能力の有無が成否を握るとあっては英語学習に力を入れざるを得ない状況である。このような状況をもたらした韓国と英語の関係を通時，共時にわたって概観する。

2. 韓国の歴史背景・地理・民族・社会背景

　風土と民族性には不可分の関係がある。大陸から突き出た半島という，言わば「逃げ場のない袋小路」の地理的状況が，韓国の民族性，社会背景の形成にも重要な要素となった。その地理的状況の故に，大陸の中原を支配した漢民族，蒙古族，満州族などの強国の脅威に絶えず晒され服従を余儀なくされつづけた韓民族が，血縁を核として内なる結束力を強めて行ったことは自然な流れといえる。日本による植民地支配もこの流れを推し進めた。

　このような歴史背景が韓民族の異文化排斥と自文化礼賛という気風を作り上げたと言えよう。よく言われる内部の人間である「ウリ（我々）」と部外者である「ナム（他者）」を区別する世界である。ウリは，時々の社会情勢に応じて個人や家族といった小集団から朝鮮民族という大集団まで伸縮自在であり，対峙するナム集団とのバランスをとっていた。このようなウリ集団とナム集団

の歴然とした区別は，現在の韓国社会にも色濃く認められる．内なる集団内では制限無く相互に受容しあい，外なる集団は徹底して無視するこの気風が，韓国における外国語および外国文化学習にもさまざまな影響を与える要因となっている．

　14世紀末に成立した李氏王朝は，中原に対する如何ともし難い物理的な劣勢の中で，精神的優越を儒教に求めた．中国から渡来した朱子儒教を純化し極めることで本家の儒教を凌駕したと確信することにより，精神的優越を保持したのである．李朝によるこのような小中華思想の徹底は際立っており，朝鮮古来の仏教的風習を廃し，儒教思想を強圧的に根付かせて行くこととなった．その結果，上下関係や道徳に厳格な気風が育て上げられたといえる．近代までの韓国には，いわゆる中産階級というものがなく，支配者である「両班」と被支配者である「下人」とに二極化していた．絶対的服従への見返りとして両班が従順な下人に庇護を与えるという，事大的ギブ・アンド・テイクによって社会は成り立っていた．また，それぞれの階級は，原則として血縁を核とした年功序列型のウリ集団で構成されていた．

　このような上位下達の気風は現代の韓国をも特徴づけている．政治や経済の世界でも政府や経営トップが矢継ぎ早に立案，決定する政策や計画が，即座に実行に移されるという状況をこの気風は生み出しているといえる．教育行政も例外ではない．近年の英語教育行政の拙速とも思えるほどの改革も韓国の民族性に負うところが大きい．

3. 韓国の言語政策

　歴史上，常に隣国中国という大国を意識せざるを得なかった状況下で，近代までの朝鮮王朝時代の外国語学習といえば必然的に漢文（中国語）一辺倒にならざるを得なかった．また，その学習は書物からの知識の取得と理解を目的としたため，「聞き話す」ではなく「読み書き」に徹するものとなっていた．

　しかし，1882年にアメリカ，イギリスなどとの通商修好条約締結後は，通訳養成の必要上，英語を始めとしたヨーロッパ系言語の学習が求められ，李朝は1883年に英語塾である同文学（3年後に育英公院となる）などの外国語学

校を設立した。だが，1910年に日本によって植民地化されると，日本政府による日本語学習の強制により，英語などヨーロッパ系言語の学習が制限されただけでなく，韓国・朝鮮語に対しても抑圧的な政策が執られた。1919年の「3・1独立運動」などの影響で，日本政府は文化統治を緩和させ，ソウル帝国大学を設立し，英文科を開設したが，1941年の第2次世界大戦への突入により英語教育はほぼ全面的に禁止された。また，植民地時代には日本式教授法が導入され，それ以降の韓国の英語教育に大きな影響を与えることとなった。

1945年の日本の敗北により植民地から解放された後，短期間であるがアメリカ軍政期（1945-48）に入ると，韓国・朝鮮語の復活と共に英語の重要性が認識され始めた。しかしながら，続いて起こる韓国・朝鮮戦争（1950-53）により英語教育に限らず，全ての教育が停滞したのである。戦争による混乱がおさまる1960年代になって教育政策が本格的に軌道に乗ったと言っても過言ではない。とりわけ英語を始めとした外国語学習の重要性が指摘され，それが今日まで続くこととなった。

1954年の第1次教育課程（日本の学習指導要領に相当するが，拘束力が強い）から1997年の第7次まで，外国語教育はその都度強化されてきたと言ってよい。興味深いのは政権交代とともに新たな教育改革が実施されていることである。その背景には，韓国国民の教育への関心の高さがあるといえる。1954年当初からの中学における英語の必修化に始まり，第2次での高校における英語の必修化と第2外国語の選択必修化，1982年からの小学校での英語教育の試験的導入，1997年からの正規科目化，2001年の中学校での第2外国語の導入，というように英語を軸とする外国語教育強化策が次々と打ち出されている。準備不足と教師への過剰な労働負担を問題視する向きもあるが，即決即実行という民族性が英語教育改革にも遺憾なく発揮されていると言えよう。

韓国の教育部（正式名称は教育人材育成部，旧称は文教部，日本の文部科学省にあたる）は，英語教育の目標として，語学的能力養成の他に，「外国の文化を理解することによって，韓国の文化を新たに認識し，正しい価値観を持たせる」ことを掲げている。しかし，中，高で使用される国定英語教科書には，道徳的，教訓的な内容のもの，韓国の伝統，風物，人物，言語の紹介と礼賛などが多く見られる。対照的に，外国紹介はほとんど英米に限られ観光案内的な

ものである。このようなことから判断すると，焦点は「外国の文化」ではなく「韓国の文化」に当たっているようである。敢えて言えば，韓国の英語教育の主目的は，英語圏文化の学習ではなく言語技能の向上と言えるだろう。

4. 韓国の英語使用状況

4.1. 政治と英語

韓国では過去に短期間であるが全国レベルで英語が公用語にされた時期がある。アメリカ軍政期（1945-1948）の総司令官マッカーサーによる布告第5条では「軍政期間において，英語をあらゆる目的に使用する公用語とする」と定められている。また，この時期に，国定，検定教科書制度なども導入された。朝鮮半島における教育創設期でのこの3年間の軍政期間とそれ以降のアメリカの介在が，現在に通ずる韓国の英語政策に与えた影響は大きいといえる。

金大中大統領は英語教育の強化を訴え続けているし，大統領自身も毎日欠かさず英語を学習していると言われる。韓国の政治家や官僚が資質として英語能力を有することは望ましいことではあるが，今のところは特定の部署を除いて英語能力を要求されるという状況にはなっていない。しかし，英語公用語化の議論も含め，政治の世界でも英語必要論が進行しているのは否めない。地方自治体レベルではあるが，英語公用語化を議会で決定した済州島のような例もある（反対論も強く，実施にはまだ至ってない）。

4.2. 経済と英語

韓国では，就職試験での英語の成績が採用の重要な決め手になると言われる。特に，1998年後半からの経済危機がそれに拍車をかけた。経済危機は，英語力の弱い韓国企業が外界の情勢に疎かったために生じたのだと経済界は分析した。1999年11月の韓国財界が主催したフォーラムでは，韓国が今後も加工貿易立国として生き残って行くには英語能力向上の必要性があると強調され，英語公用語化への議論を始めるべきだとの具体的提言もなされた。経済界の英語重視は，大学の入学時と卒業時に英語の成績が重視されることと相俟って，英語学習への強い動機付けとなっている。

最近では，TOEFL や TOEIC の成績結果を採用や昇進の条件にする大企業も多くなって来ている。その結果，現在では韓国大学生の80％がTOEFL受験経験者であり，近年の TOEFL や TOEIC における韓国受験者の高得点の要因にもなっている。1999年の TOEFL・TOEIC の韓国受験者平均点が535点・480点であったのに対して，日本は501点・452点であった。ちなみに1964年の TOEFL で，日本481点・韓国461点であったことを思うと，1970年頃を境に立場が逆転したといえる。

4.3. 庶民と英語

　日本と同様，日常のコミュニケーションに英語を必要としない韓国では，一般成人の庶民が直接，間接に英語と接触する機会は学校での学習時を除けば限られたものとなる。しかしながら，英語やアメリカ文化に対する憧れが存在するのも確かである。中学用の国定英語教科書には，市中での英語表記の広告看板の多さや英語外来語の多用を諫める内容の課がある。これは一般庶民の間に英語や英語的なものへの憧憬が強く存在していることを逆説的に示しているものといえる。

　韓国政府は英語教育を強化する半面，英語圏文化の流入には神経をとがらせている。これは，日本の英語文化に対する，時に無節操とも思える開放性と一面の対照をなしている。例えば，韓国に比して日本のコマーシャルでは英語がかなり多用されている。全編ほとんど英語のみというテレビコマーシャルも珍しくない。1998年から1999年にかけて日本で放映されたテレビコマーシャルから筆者が無作為に抽出した150編の内，英語圏出身と思われる人物の登場するものは34編，その中で登場人物が英語を話すものは16編にのぼった。しかし，同時期に行った韓国のテレビコマーシャル調査では，前者は17編，後者は1編にすぎなかった。また，アルファベット表記の英単語が画面途中でハングル文字に変わる場面もよく見受けられる。放送コードの厳しさに拠るものであるが，政府当局の自国文化防衛の表われと言える。

　近年の初等学校（日本の小学校にあたる）への英語教育導入は，一般庶民に直接，間接のインパクトを与えている。際立った学歴社会であり，受験戦争の熾烈な韓国では，親達は子弟の教育に殊の外熱心であり，英語教育にも無関心

ではいられない。これまで中学生以上を対象としてきた英語教育市場も，小学生さらには幼稚園児を対象としたものへと拡大化している。学習雑誌，英語学院，個人あるいは集団の「課外（家庭教師）」なども急成長している。新聞，テレビなどのマスコミでは英語関連のニュースが連日報道され，英語圏への移民が急増していると言われている。まさに英語教育ブームというのが韓国の昨今である。

5. 韓国の小・中・高・大の英語教育

韓国の学制は6・3・3・4制であり，日本と同様，アメリカの学制を参考にしたものであることが推測される。以下，各レベルでの英語教育の特色を概観する。

5.1. 初等学校（小学校）の英語教育

韓国の小学校での英語教育は，この数年来日本でも話題になり，日本の小学校が「国際理解」という名のもとで英語教育導入に踏み切る一因ともなってきた。しかし，韓国の学校英語教育の成立過程には30年に及ぶ紆余曲折の経過がある。

1971年，当時の文教部（現在の教育部）は国民学校（現在の初等学校）での英語を含む外国語の実験授業実施を発表したが，生徒の負担増への懸念や，「無国籍教育」との批判を受け実施は断念された。1977年には，当時の文教部長官が早期英語教育を力説したため，一部の小学校での英語特別クラスや英語課外を行う風潮も生まれた。1981には，特別活動の形による小学校での英語教育が正式認可され，翌年から実施されている。1991年には，校長の裁量による小学校での英語選択科目制の導入。1995年に小学校での英語正規科目化が建議され，1997年から施行された。

現在は必修正規科目として3，4年生は週1時間，5，6年生は週2時間英語が教えられている。授業は「聞き話す」が中心であるが，3，4年生で各100語，5，6年生で各150語の計500語の英単語と基礎的な文法事項が教えられる。教科書は「聞き話す」が中心で，カラフルなイラストや音楽を多く取り入

れ生徒に親しみを持たせるように工夫されている。分量は140頁前後で，週2回の授業には適当な量といえる。授業は原則として英語で行われているようである。

英語を担当する教員は，従来の担任教員と英語専任教員で構成されている。そのために毎年25,000人の担任教員が年間120時間の英語再教育研修を受けている。韓国人教員とネイティブスピーカーとのチームティーチングも計画され一部行われているが，1998年の経済危機による財源不足から余り進展していない。

小学校での英語教育に関しては，教員養成，教員の労働負担増，生徒の負担増などさまざまな問題が未解決のままであることや，韓国民族としてのアイデンティティーへの悪影響などを不安視する批判も根強く残っている。韓国での早期英語教育の成果の検証が待たれるところである。

5.2. 中学校の英語教育

韓国では義務教育は小学校のみであったが，中学進学率は，1960年代末には60％を，1976年には80％を，1983年には97％を超えている。事実上ほぼ全員が中学進学を果たしていたのだが，1985年に中学義務教育化が決定され，僻地から順次実施されて行った。1998年からの経済不況の影響でまだ100％の就学には至っていないが，その達成も時間の問題といえるだろう。

韓国の中学校では，1954年の第1次教育課程以後現在まで外国語（英語）が必修科目となってきた。週4時間前後の学習時間も変わっていない。これは日本が最近まで英語を選択科目とし，学習時間を暫時削減してきたのとは好対照である。教授法は日本の植民地時代の日本式教授法の影響で「読み書き」を中心にしたものであったが，1981年に中学校の教育課程の改正で，「聞き話す」を中心にするよう改められた。

小学校で英語教育を受けた学生が入学する2001年から，中学校の英語教育のレベルアップと第2外国語科目の導入（ドイツ語，フランス語，中国語，日本語，スペイン語，ロシア語，アラビア語から選択）が始まった。英語では，それまでの第6次教育課程で定められていた2年生での学習内容が1年生に前倒しとなったのである。しかし，日本の中学校に比較して授業時間数や教科書

の学習量も多く，過酷な高校受験勉強を要求される中学生にとって，この前倒しが更なる負担をかけるとの批判もある。

　韓国の中学生の学習負担量の多さはこれまでにも指摘されてきた。英語の週4時間という授業時間は日本に較べて1時間多いだけであるが，教科書を例にとれば頁数では約2.5倍，新出語彙数も約1.5倍であり，かなりの学習量を強いられているといえる。また，高校の学校間格差を是正して，入試競争の沈静化を目指した「平準化」制度が規制緩和されて以来，また進学校入学のための熾烈な入試競争が激化し始めている。

　英語教科書には，前述したように，儒教思想を反映した道徳的，教訓的な内容のもの，韓国の伝統・風物・人物・言語の紹介と礼賛などが多く見られる他，既成の男女役割に準じたものや，規則遵守を奨励するものなども見受けられる。韓国の伝統を重んじる気風がそこには反映されている。

5.3. 高校での英語教育

　高校進学率は1993年で98％を越え，大学進学率も37％であり，韓国は世界でも有数な高教育国といえる。外国語教育は1948年以来，中学と同様，高校でも一貫して必修科目となっており，日本で，1963年から1972年までを除き，選択科目とされているのとは対照的である。外国語の中でも英語は特に重視されている。授業時間数は週4時間前後であるが，中学と同様，学習量が日本と比較して多い。例えば，国定英語教科書は300頁を越え，日本の約2倍であり，学生の学習負担は大である。さらに，熾烈な大学入試競争もあり高校生は過酷な勉学を強いられることから，前述した「平準化」制度が導入された。進学先を地域毎に指定する日本で言う「小学区制」である。しかし，韓国政府が英才教育の必要性を感じ，平準化制度が年々緩和の方向に向かっているため，大学入試競争はまた激化しつつある。

　韓国の高校での外国語教育のもう一つの特色としては，第2外国語を必修科目にしていることが挙げられる。現在では，ドイツ語，フランス語，中国語，日本語，スペイン語，ロシア語の中から1言語を週3時間選択必修で履修することになっている。韓国政府の「国際化」への意気込みが感じられる。

5. 4. 大学校（大学）での英語教育

　日本による植民地時代は，高等教育機関に学ぶ学生数は3000人足らずであったが，解放後のアメリカの援助，指導により大学が次々に設立され，現在では学生数は120万人を越え，大学進学率は50％を大きく超えている。大学教育の指導者もアメリカ留学経験者が多く，韓国の大学はアメリカ型大学といえる。

　英語は大学でも最重要科目の一つと考えられている。入学時，在学時，卒業時の全てにわたって英語が評価基準に使用される。まず，入学時には全国統一考査である「大学修学能力試験」によって英語，韓国語，数学の能力が測られる。その他の選抜データとしては，高校での内申書（40％）があり，私立大学では個別の試験を課すことも認められている（国立大学では，小論文，面接などの使用のみが認められている）。大学での英語必修履修単位は4〜14と専攻によって異なるが，卒業時の英語検定試験の存在や，就職が英語試験の成績で決まるといっていい状況があるため，4年間継続して英語を履修するだけでなく，学外の英語学校でさらに学習する学生も多い。

　大学英語教育を英米文学学習に代表されるような「教養目的」ではなく，実際のコミュニケーションを可能にする「実用目的」と見なしていることも韓国の特徴である。使用教科書は教師の自主的選択に任されて来たが，最近は，教科書，授業計画，試験，成績評価を共同管理し，効率的な英語教育を目指している大学が増加している。

　韓国の大学生が日本の大学生より英語運用能力に優れ，TOEFL等の検定試験で高得点を得ている背景には，このような国を挙げての英語強化政策が存在するといえる。

6. 韓国の英語の特徴

　どの言語集団でも，外国語の学習とその使用において母語の転移や干渉が起こる事実は避け難いことだ。韓国の人々が話したり書いたりする英語にも固有の特徴が生ずることが知られている。権（1990），本名（1993），本名（1999）を参考に韓国の英語の特徴を概観しておく。

・発音に関するもの

　韓国語は日本語同様［f］や［θ］の音がないので変わりに［p］や［s］を使用する傾向がある。

　I'm fine, thank you. ⇒ I'm pine, sank you.

また，韓国語では，子音が［n］や［m］のような鼻音の前に置かれると鼻音化するがその影響を受けることもある。

　stop now ⇒ stom now　　a bad news ⇒ a ban news

韓国語では，［n］の音が［l］の［r］の前では［l］に変わるのでその影響を受けることもある。

　only ⇒ olly　　Henry ⇒ Helly

韓国語では，語末の［k］や［t］が母音間になると有声音になるので以下のような変化が出ることがある。

　black ink ⇒ blag ink　　I get up at six. ⇒ I ged up at six.

韓国語のアクセントパターンをそのまま流用することもある。

　New Yórk ⇒ Néw York　　cámera ⇒ caméra/camerá

・語彙の意味に関するもの

　語彙面でも特有の意味変化の見られる例がある。韓国語では，日本語と同様，桃色の意味に「ロマン的な，性的な」のという比喩的な意味があるため，「恋文」や「エロチックな雰囲気」が「pink letter」や「pink mood」のような韓国式英語で表現されることもある。

　また，韓国語では「劇場」といえば芝居が上演される場所だけでなく「映画館」も含むため，「映画を見に行く」を「go to the movies」ではなく「go to the theater」と表現する人もいる。

　韓国と日本とでは風俗営業にも類似がみられることから，両国では，「madam」や「hostess」が「酒場やクラブの女性マネージャ」や「そのような場所で働く接客婦」の意味で使用されている。

・文法に関するもの

　母語の干渉は文法面でも見られる。韓国語では日本語の「の」にあたる所有格助詞「-e」が省略されることが多いため，「his name」や「John's nose」が「he name」や「John nose」のようになることもある。

日本語の「この本は赤い」のように，韓国語でも「赤い」のような形容詞はそのまま述語として使用されるので，その干渉を受け「This book is red.」のbe動詞が落とされて「This book red.」のように表現されることもある。

韓国語では通常，否定疑問に対する応答は「絶対的正否」を示すのではなく，質問相手の「判断の正否」を示すものとなっている。その習慣が英語の否定疑問への応答に持ち込まれるための混乱も生じている。この現象は韓国に限らず，日本，フィリピン，ミャンマーなどアジアの国々でも観察される現象である。

（質問）　Don't you speak English?
（答え）　Yes, I speak English. / No, I don't speak English.
　　　　　↓
　　　　Yes, I don't speak English. / No I speak English.

その他，韓国語には複数形・関係詞・冠詞がないため，それらが省略されるという文法的傾向も見られる。これも母語の影響である。

・文化に関するもの

韓国は伝統的に儒教国であり，礼節を尊ぶ民族であると言われている。「Keep Out！（芝生入るべからず）」や「Please do not smoke/（タバコ吸わないで下さい）」よりも「Let Us Keep Your Grass Green.」や「Please refrain from smoking.（おタバコをご遠慮下さい）」のような丁寧で間接的な表現を好んで使う傾向がある。これは日本にも共通する傾向であろう。

また，英語で「私の家庭は裕福です」を表す「My family are rich.」のような文が，「Our house is rich.」のように「family」を「house」で，「My」を「Our」で表現されることがある。これには2つの文化的事情が関わっている。1つは，日本とよく似た血縁重視型の家制度を持つ韓国においては「家」ということばが「家族，家庭，家系」を意味するために，「house」が「family」と同義的に用いられるということである。もう1つは，前述した「ウリ」意識の関与である。内なる集団「ウリ（我々）」を「ナ（私）」より優先する韓国では，「私の家」，「私の父」のような表現を「ナ」ではなく「ウリ」を用いて，「ウリ ジップ（我々の家）」，「ウリ アボジ（我々の父）」と表現する。そのような言語習慣が英語にも反映されて「my house」が「our house」となるので

ある。韓国の民族性と歴史が凝縮されていて興味深い。

　結婚しても夫婦別姓である韓国では「Mrs. Kim is Mr. Lee's wife.」という表現が成立する。夫婦同姓が法律上強制されている日本人や同姓を選択することが多いアメリカ人には奇異に感じられる表現かも知れない。

　韓国では，日本と同様，年長であるか否かが人間関係を決める重要な要素となっている。兄弟姉妹について言及する時も例外ではない。英米人なら「I have two brothers and one sister.」で十分なところを「I have two elder brothers and one younger sister.」のように，自分を基準にして年齢の上下関係を入れなければ落ち着かない。親族関係でいえば，祖父母も父方であるか母方であるかが重要な情報となる。「grandfather / grandmother」では不充分で，「grandfather / grandmother on mother's side」のような表現が使われることもある。

　以上，韓国の英語の特徴を概観したが，英語能力には個人差があるので，上述の特徴が全ての韓国人の英語に表われる訳ではないことは言うまでもない。また，これらの特徴は，誤用に近いものをも含んでいるが，単に英米人の英語と異なるという理由のみで誤用とみなすような短絡的姿勢は排さねばならないであろう。

7．今後の展望

　19世紀末に始まった韓国の英語教育にとって，日本による植民地化とその後に続く韓国・朝鮮戦争は計り知れない逆風となった。しかし国情安定後のこ四半世紀，韓国における英語教育の進展は目覚しく，改革と推進の連続であったといえる。学歴社会・熾烈な入試競争・ソウル五輪・経済危機などの内圧・外圧によって国民の英語力向上が強く求められてきたためである。小学校での英語教育導入，TOEFL等の英語検定試験の重視，英語公用語化の議論などがそれによって生み出された。今後の韓国に先ず求められるのは，これまでの英語力強化を目指した様々な施策の検証であろう。とりわけ，完成年度を迎えた小学校早期英語教育の成果に関する検証結果報告が待たれるところである。

現状では，韓国固有の英語変種が「韓国英語」として確立されるという可能性は低い。インド，シンガポール，フィリピンなどの多言語国家や英語公用語国で，インド特有の英語やSinglish（シンガポール英語）・Taglish（フィリピン英語）などが形成されている背景には，生活上の必要性があると同時に，それらを「自分達の英語」であると見なす一般大衆の強い意識や愛着が存在している。言語事情の異なる韓国において英語への生活依存度と愛着がこれらの国々と同程度にまで加速するとは考え難い。

　しかし，韓国の英語事情が変化しつつあることも事実である。英語公用語化への動き・英語教育の更なる強化・一般大衆レベルでの国際的活動の拡大などが契機となって，英語使用が一定の量的限界を超え，その是非はともかく，庶民の日常生活に不可欠なものとなれば，「韓国英語」誕生の可能性も生じてくる。借り物ではない「自分達の英語」として，部分的であれ，そこに民族のアイデンティティーを見出しうるような新たな英語変種の登場を我々はいつか目撃し得るかもしれない。

注
1. 本論は，吉川寛（2002）「韓国」本名信行（編・著）『事典　アジアの最新英語事情』（pp.38-52）に加筆，修正を加えたものである。

参考文献

海外の外国語教育研究会（編）（1999）『東アジアの外国語教育（資料）・日本の外国語教育診断』，JAVET関西支部.

P.G.アルトバック他（編）（1993）『アジアの大学』，玉川大学出版部.

河合忠仁（1995）「韓国の英語教科書に見る異文化の扱い」，『英語教育』Vol.44 No.10.

木村由利子（1998）「韓国の英語教育改革から学ぶこと—小学校英語教育の実態」，『英語教育』Vol.47 No.4.

金両基（1989）『物語 韓国史』，中央公論社，東京.

KETG英語教育研究所教育課程研究チーム（2001）「韓国小学校の昨日と今日（1）〜（3）」,『新英語教育』2001年12月号〜2002年2月号.

権五良（1990）「韓国の英語教育と韓国式英語」,『アジアの英語』, くろしお出版, 東京 23-41

船橋洋一（2000）『あえて英語公用語論』, 文芸春秋社, 東京

二宮皓（編著）（1995）『世界の学校』, 福村出版, 東京.

古谷博司（1995）『朝鮮民族を読み解く―北と南に共通するもの』, 筑摩書房, 東京.

本名信行（編）（1990）『アジアの英語』, くろしお出版, 東京

本名信行（1993）『文化を越えた伝え合い』, 開成出版, 東京.

本名信行（1999）『アジアをつなぐ英語』, アルク, 東京.

樋口謙一郎（2001）「米軍政期南朝鮮における「英語エリート」―現代韓国英語史の一考察」,『アジア英語研究』第3号. 23-39

大谷泰照（1997）「韓国の外国語教育事情―なぜ第二外国語の中学導入に踏み切ったのか」,『英語教育』Vol.46 No.9.

大谷泰照他（編）（1999）「世界25か国の外国語教育」,『英語教育』別冊 Vol.47 No.14.

大槻健（1992）『韓国教育事情』, 新日本出版社, 東京.

宮原文夫・名本幹雄（1995）「韓国の大学英語教育はどうなっているか」,『現代英語教育』1994年2月号.

吉川寛（1999）「規範言語としての英語（その3）―日本と韓国の場合―」,『中部大学国際関係学部紀要 No.22』. 115-124

吉川寛（2000）「アジアの英語事情②―韓国の場合」,『英語教育』Vol.49 No.2.

韓国と日本における英語事情の変化
—英語教科書とテレビ CM に見る—[1]

吉川　寛

1. はじめに

　韓国は貿易依存度が 50％（対 GDP 比）を超えている貿易立国である。海外輸出は国の経済を支える重要な要素である。そのため国や企業は国際ビジネス界で活躍できる高い英語運用能力を有する「グローバル人材」の育成に以前から力を入れてきている。それに呼応して韓国の英語教育界も英語教育の促進と充実に力を傾注してきた。その結果，韓国に著しい英語学習熱を生み出してきた。学習者も英語学習の目的として就職活動への有利性を第一に挙げる者が多い。

　吉川（1999）は，このような状況下で韓国の英語教育界と企業が英語と言う言語をどのように認識して対応しているかを調査すべく，1999 年当時韓国で使用されていた中学用英語教科書と韓国で放映されているテレビ CM の分析を行ない様々な興味深い知見を得ることが出来た。また同時に，日本についても同様の調査を行い韓国の分析結果と比較対照を行なった。この論文では，16 年後の 2015 年に 1999 年と同様の調査を行い韓国における英語への認識と対応の変化の有無を調査した。また，日本についても同様の調査を行い，前回同様日韓の比較を交えて考察した。

2. 日韓の中学用英語教科書の比較分析

2.1. 量的分析

　分析に使用した英語教科書は，日本では文部科学省，韓国では教育部の政府教育担当組織の検閲を受けている。韓国は *Middle School English*，日本は *New Crown* で，共にそれぞれの国で代表的な中学用英語教科書である。共に

1999年と2015年に使用されていた教科書を分析したが，1999年に使用の *Middle School English* は1997年改訂版，2015年の方は2009年改訂版である。日本の *New Crown* は，1999年は1996年改訂版，2015年は2011年改訂版である。日韓の英語教科書の比較で先ず驚かされるのは分量の違いである。表1で見るように，頁数で見ると1999年では韓国は日本の2倍強あり，2015年では2倍弱となっている。表2で見るように授業時間はさほど変わらないので韓国は学生にとってかなりの負担の大きい授業であると考えられる。

（日韓の中学用英語教科書の分量比較）

	Middle School English	
韓国	1999（1997年改訂版）	2015（2009年改訂版）
	1年用：18課　258頁	1年用：10課　267頁
	2年用：17課　262頁	2年用：10課　267頁
	3年用：16課　258頁	3年用：10課　307頁
	計：51課　　778頁	計：30課　　841頁
	New Crown	
日本	1999（1996年改訂版）	2015（2011年改訂版）
	1年用：11課　111頁	1年用：9課　147頁
	2年用：9課　111頁	2年用：8課　147頁
	3年用：7課　110頁	3年用：8課　147頁
	計：27課　　332頁	計：25課　　441頁

（表1）

（日韓の中学校の英語授業時間の比較）

	1学年	2学年	3学年
韓国	102時間	102時間	136時間
日本	105〜120時間	105〜120時間	105〜120時間

（表2）

2.2. 内容の分析

次に教科書の内容分析をテーマ別に分析し，下記の表のような結果が得られた。英数字は当該テーマに関連ある記述数を示す。ここで確認しておきたいのは，前述したように韓国の教科書は日本の教科書と比較して量的に2倍であるのでテーマに関する記述の頻度は高くなることが想定される。よって日韓の記

述数の比較には量的差異を考慮した分析を行なうこととする。以下テーマ別に考察していく。

(表3)

		社会・文化・風物・歴史等		国財・人物		道徳,教訓	男女役割	言語	環境問題	政治	登場人物	
		自国	外国	自国	外国						自国	外国
韓国	1999	10	8	5	3	19	5(1)	2	3	3	2	2
	2015	14	33	5	4	16	5(2)	5	6	0	3	8
日本	1999	6	25	1	3	5	1(2)	3	4	0	2	6
	2015	20	32	1	4	8	(1)	7	3	2	6	27

2.2.1. 社会・文化・歴史・風物の紹介

(韓国の教科書)

・自国に関しての記述は,旧教科書では10件,新教科書では14件とあまり大きな変化は見られない。例としては,「キムチ」,「韓国ラーメン」などの食文化に関するもの,「切りばめ細工」や「韓国帽子」などの伝統工芸の紹介,「釜山」,「新羅」,「済州島」などの地域紹介が挙げられる。特異なのは,「韓国文化の海外からの返還」の記述が見られ,中でも「日本からの李氏朝鮮時代の文化財の返還」を特記している。日本と朝鮮半島の厳しい歴史的関係を思い起こさせる。

・外国に関しては著しく変化がある。旧教科書では8件であったが新教科書では33件の多くの記述が見られる。例としては,各国の食文化に関するものが多くみられ,「日本の納豆」や「和食」の記述もある。「ピノキオ」,「人魚姫」,「白雪姫」などの外国児童文学作品の紹介,「インド」,「中国」,「カンザス」,「南アフリカ」等,世界各地の地域紹介,「エッフェル塔」,「ピラミッド」,「アルタミラの壁画」など名所旧跡の紹介など多岐にわたっている。旧教科書が英語圏に限った観光旅行的紹介しかなかったことと比較すると驚くほどの変化である。韓国は元来自国文化を外国文化から守ると言うスタンスをとっていると言われている。その延長として,韓国人は外国嫌い(xenophobia)の傾向があるとも評されてきた。しかし,この外国に関する記述の増加は「外国嫌い」からの脱却が進んでいると考えられる。また,これだけの記述数の極

端な増加という変化は，自然な流れでもたらされたとは考えにくいので教科書作成側（韓国政府？）の国際化志向という考えに沿ったものと思われる。
（日本の教科書）

・自国に関しての記述は，旧教科書では6件であったが，新教科書では20件と著しく増加している。英語教科書を通じて中学生に日本の社会・文化・歴史・風物を理解させたいとの意図を感じさせる。これまでの外向きの視点を重視するだけでなく内向きの視点も喚起すると言うことであろう。記述例としては，「季節の行事・風物」，「昔話」の紹介，「寿司」などの食文化，各地の地域紹介など様々である。また，旧教科書にも記述があった「原爆ドーム」も記述に加えられているのも注目に値する。

・外国に関する記述は，旧教科書が25件，新教科書が32件である。日本では以前から文科省の提唱する国際理解教育に沿って外国に関する記述は多くなされていた。韓国の旧教科書の8件と比較すると日本の旧教科書は量的差異のハンデがあってさえも3倍強の多さである。新教科書も記述件数が増加して32件となり外国に関する記述の重要性が維持されている。記述例としては，世界各国の社会・文化・歴史・風物を総花的に網羅されている。ただ，旧教科書と比較すると，英語圏以外の国に関する記述が増えている。「イスラエル」，「インド」，「中国」，「カンボジア」，「モンゴル」，「モルジブ」，「コスタリカ」，「チリ」，「スーダン」など多岐にわたっている。ただ旧教科書にはあった韓国に関する記述がない。旧教科書では韓国に関して一つのLessonを割いて記述していた。新教科書で韓国の記述が皆無なのは偶然の事なのか気になるところである。

2.2.2. 国財・人物の紹介
（韓国の教科書）

・自国に関しての記述は旧・新教科書とも5件である。旧教科書では，韓国国土の美しさや韓国人（不特定）の世界での活躍などを紹介している。新教科書も同様に，「景福宮」，「画家Park Sugeun」，「Gansong」，「世宗の訓民正音」，「画家Kim Hongdo」が記述例として挙がっている。Gansongは，日本による植民地時代に韓国の文化財が日本の手に移るのを守った人物である。これ

も 2.2.1 で取り上げた日本と朝鮮半島の暗い歴史を思い起こさせる。この自国に関しての記述で特徴的なのは，全てではないが取り上げた国財や人物への礼賛の記述が付加されていることである。中学生への啓蒙を狙っての事と推測される。

・外国に関する記述としては，旧教科書が 3 件，新教科書が 4 件である。このテーマに関してはあまり変化がないと言える。因みに，新教科書で取り上げられているのは，「ライト兄弟」，「エミリー・ブロンテ」，「モーツアルト」，「サイモン＆ガーファンクル」の 4 件である。英語教科書であるので欧米人に偏るのは仕方のないことか。

（日本の教科書）
・自国に関しての記述は，旧・新ともわずか 1 件である。教科書作成側はこのテーマに関して余り重要性を感じていないようである。或いは，特定の人物を取り上げるのは礼賛に繋がるのでそれを避ける意味合いもあるのかもしれない。

・外国に関する記述は，旧教科書で 3 件，新教科書で 4 件である。韓国同様このテーマに関してはあまり変化がないと言える。因みに，新教科書で取り上げられているのは，「Aki Ra」，「Pete Gray」，「キング牧師」，「Kevin Carter」の 4 名である。韓国と異なるのは，欧米人に限定せず地雷除去活動家であるカンボジア人 Aki Ra を取り上げていることである。

2.2.3. 道徳的，教訓的な記述
（韓国の教科書）

韓国の英語教科書の大きな特徴の一つが道徳的，教訓的な記述の多さである。これは新・旧教科書に共通している。旧教科書で 19 件，新教科書で 16 件の多さである。韓国の文化に儒教思想が根付いていることによる影響と思われる。旧教科書では，「勤勉の勧め」，「贅沢の諌め」，「規則遵守」，「敬老」などまさに儒教の教えと一致する。新教科書でも同じような傾向であるが，異なるのは，「友情」，「友人への励まし」，「友人との有効な人間関係の構築」，などの人間関係に関する記述が加えられている。また，「TV ゲームのやり過ぎの諌め」という時代を反映している記述もある。現代の韓国中学生の生活状況が垣

間見られて興味深い。
(日本の教科書)
　韓国と比較して道徳的，教訓的な記述が少ないのが日本の教科書の特徴である。旧教科書で5件，新教科書で8件である。新・旧教科書とも韓国と同様に，勤勉や規則遵守と言った儒教的教えに沿ったものもあるが，韓国との違いは，「川辺でのゴミ拾い」，「障害者への配慮」，「原住民の文化保護」，「チームの団結」と言った個人的なものより社会的な貢献を意図するものが見受けられることである。新教科書（1年生用）には，「津波への対処」に関する記述がある。この教科書の検定が2011年2月であるので東日本大震災ではなく2004年12月のシマトラ沖地震を意識した記述である。

2.2.4. 男女差・男女役割に関する記述
(韓国の教科書)
　このテーマに関する記述は，旧教科書では5(1)件，新教科書では4件である。旧教科書の括弧内の数字は，伝統的な男女役割の逆の記述数を示している。具体的には，男の子が母親に家事の手伝いを申し出ているという記述である。あとの5件は，「母親の炊事」や「女の子の家事の手伝い」と言った従来の男女役割に則した記述である。新教科書は5(2)件で，旧教科書との違いは逆の男女役割の記述1件増えたことと成人女性のタイトルが従来のMiss/Mrs. に代わってMs. になった事例である。以上のような男女役割に関する記述における旧教科書から新教科書への変化を考察すると韓国社会が男女差の解消へと進んでいる兆候と捉えることが出来る。
(日本の教科書)
　日本は，旧教科書も新教科書も男女差・男女役割に関する記述は極めて少ない。旧教科書では1(2)件，新教科書では(1)件である。また，記述例も「逆の男女役割」が殆どである。男女差・男女役割のテーマに対するこのような扱いは，教科書作成側が日本では男女差がすでに解消されていると判断し啓蒙的な記述を入れる必要はないと考えているのだろうか。しかし，現実の日本の社会では男女差の解消とは程遠い状況なのでそのように判断はしないであろう。そうであるなら，意図的にこのテーマに関する記述例を入れないか，入れ

る程の重要性を感じていないかのどちらかになる。教科書作成側に判断の理由を確認したいものである。

2.2.5. 言語に関する記述
（韓国の教科書）

　旧教科書は2件の記述例があるが，これらは大変興味深い事例である。一つは，韓国人の過度の英語使用を諫めるものである。具体的には，英語外来語を使わず「立派な」韓国語を使用すべきであるとの忠告である。もう一つは韓国市街の看板表記にはローマ字が多いとの批判である。これらは2.2.1で述べた自国文化の保護と共通する意図である。英語学習は促進させたいが自国文化が外国文化に侵されるのは避けたいとの葛藤から生まれた記述である。しかし，現在の韓国社会の英語事情を観察すると上記の忠告や諫めは功を奏さなかったことになる。新教科書には5件の記述がある。これらの記述例は，旧教科書と異なり，「英語に取り入れられた韓国語」，「外国語の慣用表現」，「アイルランド英語の聞き取り」といったどちらかと言うと外国語へ積極的に対応する姿勢が感じられる内容である。これは2.2.1で述べた「外国嫌い」の脱却の表れと呼応している。

（日本の教科書）

　旧教科書では3件と少ないが，これらは大変興味深い記述である。一つは「言語と民族との関係」である。具体的にはウエールズ語の衰退，朝鮮半島での日本語の強制，沖縄の方言札などを紹介して学生に言語と民族の関係を考えさせるものである。もう一つは「シンガポールの多言語社会」で，多言語社会での英語の役割を考えさせるものである。最後は「韓国・朝鮮語の学習」である。これは英語一極を危惧する英語帝国主義の考えを反映させたものと思われる。新教科書は7件の記述例で，英語に関しては「カタカナ語と英語の比較」，「英語学習の目的」，「母音と子音の発音の仕方」の3件である。特徴的なのは「インドの多言語社会」，「インドの3言語学習制度」という2件の記述例である。旧教科書の「シンガポールの多言語社会」と同様に，英語が国内共通語としての役割を担っていることを啓蒙する意図であろう。1件は英語以外の「様々な言語の紹介」である。ヒンディー語，韓国語，中国語，モンゴル語，

カンボジア語などアジアの言語が多く含まれているのも興味深い。最後の1件は「外国人留学生の日本語学習」と言うもので，これまでにない新しい記述である。いずれも総体的見ると英語を含む外国語に積極的に対応すると言う姿勢を示す記述内容となっている。

2.2.6. 環境問題に関する記述
（韓国の教科書）

旧教科書が3件，新教科書が6件の記述がある。旧教科書に比べて新教科書では環境問題に関する記述が多岐にわたっている。「リサイクル」，「化学物質による汚染」，のようなローカルな環境問題や「炭酸がる削減」，「地球温暖化」，「食物連鎖」のようなグルーバルな問題まで様々である。興味深いのは，「アフリカにおける水不足解消のための井戸掘りの援助」の記述があるが，これは韓国がもうすでに先進国として発展途上国の援助者となっている実態を知らしめるために取り上げたと考えるのは穿ちすぎだろうか。

（日本の教科書）

旧教科書が4件，新教科書が3件と他のテーマと比較して決して多いとは言えない。内容も「リサイクル」，「地球温暖化」，「クリーンエネルギー」などで，大気汚染や水質汚染のようなローカルな環境問題の記述はない。嘗て日本は高度成長期に「公害大国」とまで言われ様々な環境問題が存在していたが，それを何とか克服してきた歴史がある。現在の英語教科書に取り上げるにはもう過去のトピックと考えているのであろうか。

2.2.7. 政治的な記述
（韓国の教科書）

旧教科書では3件の記述がある。「南北統一」や「日本植民地時代」などで，韓国が置かれた政治的立場が反映されている。ところが新教科書には政治的な記述が見当たらない。偶然なのか故意なのか分からないが後退的変化である。敢えて言えば，中学生に政治的記述に触れさせるのは時期尚早と判断していた結果と考えられる。

（日本の教科書）

　旧教科書は政治的な記述は見当たらない。敢えて「北海道アイヌ」と「広島への原爆投下」を政治的な記述と見なす考えもあるかも知れない。しかし，それらのトピックを取り上げたことには政治的配慮があると思われるが，それらの記述自体が政治的記述とは言い難い。やはり中学生に重い政治的記述を与えるのは早すぎるとの判断であろう。新教科書では「インドの植民地化」と「アメリカの公民権運動」の２件の記述が新たに加えられている。日本が関わらない外国での出来事であるので取り上げられたと判断するのが妥当であろう。

2.2.8. 特定できる登場人物
（韓国の教科書）

　旧教科書では韓国人２名，外国人２名である。韓国人は男女中学生で，外国人はアメリカ人の男女英語教師である。登場人物の固定化が顕著で多様性に欠けている。新教科書では韓国人３名，外国人８名である。外国人の登場人物が増加したが，大きく変わったのは出身地が多様になったことである。アメリカ（３名），アイルランド，カナダ，南アフリカ，アルゼンチン，イランの多岐にわたる。この様な変化は，2.2.1で述べた「国際化志向」に同調，呼応するものと考えられる

（日本の教科書）

　旧教科書では日本人２名，外国人６名で，韓国の旧教科書と比較すると外国人の登場人物が多い。この当時から国際化志向が見受けられる。新教科書では日本人が６名とそれほどの増加ではないが，外国人は27名と著しい増加である。出身地は，アメリカ，イギリス，カナダ，オーストラリア，スコットランド，ハワイと英語圏をほぼ網羅している。他は，中国，メキシコ，ケニア，コスタリカ，フィンランド，インドネシア，フィリピン，インド，ロシアとほぼ世界全域に亘っている。2.2.1でのべた「国際理解」に益々拍車がかかっているようだ。

3. 日韓のテレビ CM の分析

　2015 年 10 月上旬に韓国と日本で収集した各 150 編のテレビ CM を分析し，1999 年（収集は 10 月下旬）の同様な分析結果と比較対照したのが下記の表 4 である。変化が見らえるところに焦点を当てて考察を行う。

(表 4)

	韓国		日本	
	1999	2015	1999	2015
英語圏的人物（映像のみ）	17	14	18	22
英語圏的人物（映像と音声）	1	8	16	12
英語歌詞の音楽	2	9	3	13
小計	20	31	37	47
その他	130	119	113	103
総計	150	150	150	150

3. 1. 韓国のテレビ CM の傾向

　韓国のテレビ CM に関して以下に述べる 4 点の注目すべき変化が見られる。

(1) 英語的要素の入った CM が増加した。1999 年の 20 編から 2015 年の 31 編へと増加している。外国文化流入の阻止という韓国の伝統的な方針が近年緩められた結果と言える。2.2.1 と 2.2.8 で指摘した「国際化志向」と並行するものとも考えられる。

(2) 英語圏を思わせる人物の映像と英語音声を伴う CM が 1999 年の 1 編から 2015 年の 8 編に増加している。1999 年の 1 編は，コーカサス系男性が男性下着の商品名を一言述べるだけでものであった。2015 年の CM は英語によるナレーションや製品説明が全編に流れるというものが多くみられる。ほとんどはハングルによる字幕が添えられているが短いナレーションにはハングル字幕が添えられていないものもある。ただ注目すべきことは，そのような CM で，発話者を韓国人が務めている CM は一つもなかったことである。しかし，筆者の調査には時間的限界があるので皆無と断言はできないが，少なくとも日本と比較してテレビ CM での自国民の英語発話の頻度

は極めて少ないと言えるだろう。自国文化の保護という壁は低くなったとは言え現存している様で，外国文化の受容にも限度があると思われる。
(3) ローマ字表記からハングル表記への移行が減少している。1999 年の CM では，ローマ字表記の企業名，商品名，テーマなどがハングル表記に変換されることが多かったが，2015 年の CM では，ローマ字表記のままやハングルと併記の画面もかなり見られるようになった。外国文化の受容の 1 例と言えるだろう。
(4) 英語歌詞の音楽が挿入された CM が増加した。1999 年の 2 編が 2015 年の 9 編と増えている。これは商品のグローバル化と若者向けの CM の増加と無関係ではないだろう。また，エンターテイメントを重要な輸出産業と捉えている韓国の対外方針とも連携していると言えるのではないだろうか。

英語的要素を含む CM のスポンサーに関しては余り変化が見られない。1999 年，2015 年共に自動車会社，化粧品会社，ファッション関連企業，携帯会社，インテリア関連会社などで，現代の暮らしに関わる商品を提供している企業が主である。

3. 2. 日本のテレビ CM の傾向

日本のテレビ CM に関して以下に述べる 4 点の注目すべき変化が見られる。
(1) 英語的要素の入った CM が増加した。1999 年の 37 編から 2015 年の 47 編へと増えている。元々日本のテレビ CM は英語的要素の入ったものが多かったが，近年は特にその傾向が顕著である。調査した 150 編の内，約三分の一に英語的要素が見受けられる。このような傾向は日本人が伝統的に英語圏文化に対する羨望と憧憬の気持ちを持っていることの反映からもたらされるものである。テレビ CM に英語的な要素を加えることによって商品のイメージアップを図ろうとするものである。英語帝国主義論者から見ると嘆かわしい傾向といえる。
(2) 外国人に日本語を使わせるテレビ CM が増加している。外国人の商品説明者が日本語を使用することによって視聴者がその外国人と商品に親しみを感じる効果を狙ってのことと思われる。また，2.2.5 で述べた「外国人留学生の日本語学習」と通じる意図が垣間見える。現地言語主義に沿った企

画と言えそうだ。

(3) 英語歌詞の音楽の挿入が増加した。1999年で3編が2015年で13編に増えている。これも韓国の場合と同様に，商品のグローバル化と若者向けのCMの増加と無関係ではないだろう。また，最近は日本人歌手も英語歌詞の歌や一部英語の歌詞が入った歌を歌うことも多いことも関連していると思われる。

(4) 日本人に英語を使わせるテレビCMが増加している。このようなCMは1999年でも2015年でもよく見られるCMであるが大抵は語学校とか英語学習ソフトの宣伝として使われている。英語母語話者の教授や英会話学習ソフトでの独学による成果を日本人が披露するというものである。このようなCMでは，登場する日本人は「英語学習者」として描かれていると言える。しかし，近年はそれとは異なるCMが見られる。日本人が海外の職場で外国人の同僚と英語で会話するもの，商品について外国人と英語で会話を交わすもの，外国での商談という設定で英語を使って取引を行うもの等CMかそれに相当する。このようなCMでの日本人は「英語学習者」ではなく「英語使用者」として設定されている。喩えるなら，「英語学習者」は仮免許運転者で，「英語使用者」は免許取得後の一般運転者と言えるだろう。このようなCMの出現は，近年のグローバル人材育成や社内英語公用語化の動きと連動していると考えられる。テレビCM製作者は，少しでも説得力のあるCMを作り出すべく時代の趨勢にアンテナを張り続けていると言うことである。

英語的要素を含むCMのスポンサーに関しては韓国と同様余り変化が見られない。1999年，2015年共に自動車会社，化粧品会社，ファッション関連企業，携帯会社，インテリア関連会社などある。興味深いのは，ある日本の衣料品メーカー提供のCMで，全編にわたって2名の英語母語話者による英語での商品説明が行われるものであるが，全く同じCMが韓国でもハングル字幕に変えただけで同時期に放映されていた。この衣料品メーカーはグローバル企業を標榜しているのでテレビCMもグローバル化の一環であろう。

4. まとめ

　韓国の中学用英語教科書で，1999年当時使用の教科書と2015年当時使用の教科書を比較した結果，興味深い変化がいくつか考察された。中でも特に目立つ変化は，外国の社会・文化・歴史・風物の紹介の記述が大幅に増えたことである。また，教科書に出てくる登場人物の考察でも，外国人の登場人物が顕著に増加している。加えて，韓国・朝鮮語の保護を促すような記述が新教科書ではなくなっている。これら3つの変化は英語教科書の国際化を示唆していると考えられる。これは韓国の従来からの「自国文化保護」や「外国嫌い」の姿勢が緩和されたことによる変化と言えるだろう。このような緩和が興った理由としては韓国の国としての発展が挙げられよう。近年の韓国の経済発展には目を見張るものがあり自他ともに先進国と認識している。この国家としての自信と自覚が外国と外国文化に対して寛容に対応すると言う姿勢を生みだしたと言えるであろう。その他では，道徳的，教訓的な記述，男女差・男女役割に関する記述，環境問題に関する記述でも小幅ながら増加が見られた。道徳的・教訓的な記述，国財・人物の紹介では余り変化は見られなかった。政治的な記述は，偶然かどうか分からないが，新教科書ではなくなっているのは興味深い。

　日本の中学用英語教科書で特に大きな変化は，自国の社会・文化・歴史・風物の紹介の記述が大幅に増えたことである。外国の社会・文化・歴史・風物の紹介も増えているがそれほど大きな増加ではない。この変化は，日本の中学生に自国と自国文化の知見と理解を深めさせたいとの配慮と考えられる。教科書に出てくる登場人物でも，新教科書では外国人の登場人物が顕著に増加している。これの変化は，韓国と同様に，益々の国際化を意識した結果と考えられる。環境問題に関する記述では，新教科書では英語教科書でありながら日本語学習の記述が見受けられるのは特異である。道徳的・教訓的な記述，男女差・男女役割に関する記述，環境問題に関する記述，国財・人物の紹介ではあまり変化は見られなかった。政治的な記述では，韓国とは逆に，新しく記述が入れられたことは注目に値する。

　韓国のテレビCMでは，「英語的要素の入ったCMの増加」，「英語圏を思わ

せる人物の映像と英語音声を伴う CM の増加」、「ローマ字表記からハングル表記への移行」、「英語歌詞の音楽の挿入された CM の増加」の 4 点の変化が認められた。全ては、国際化と英語と英米文化への受け入れと言う認識からもたらされた変化と考えられる。これは英語教科書で見た「国際化志向」と同一轍と言えるであろう。これもまた先進国としての自信と自覚が根付いたことによると考えられる。また、グローバルビジネスを重視する貿易立国としての韓国の立ち位置もテレビ CM の「国際化」手を貸していると言える。ただ注視しなればならないのは、外国文化の受容と言っても限度があると言うことである。韓国のテレビ CM で、韓国人自身が英語を話すと言う場面はほぼ無いことはその好例と言えるであろう。

日本のテレビ CM に関しては、「英語的要素の入った CM の増加」、「英語歌詞の音楽の挿入された CM の増加」の 2 つの変化が韓国と同様に認められる。しかし「外国人に日本語を使わせるテレビ CM の増加」と「日本人に英語を使わせるテレビ CM の増加」は日本だけの特徴であり注目に値する。特に、日本人に英語を使わせる設定は、その日本人を「英語学習者」としてだけでなく新たな「英語使用者」としての設定を意図していると考えられる。現在、様々な分野で、高いレベルの英語話者へのニーズが存在していることの反映であろう。

日韓のテレビ CM で、英語的要素が多く加えられていることは、結局は、英語圏文化に対する憧れや羨望から派生していると考えられる。裏を返せば、英語圏文化に対する劣等感の表れと言えるであろう。CM 製作者はそれを承知で英語的要素を挿入していると思うが、余り過度に過ぎることは避けた方がいいと思われる。

注

1. 本論は、吉川寛（2015）「韓国と日本における英語事情の変化―英語教科書とテレビ CM に見る―」『アジア英語研究』第 18 号（pp.4-17）に加筆、修正を加えたものである。

参考文献

吉川寛(1999)「規範言語としての英語(その3)―日本と韓国の場合―」,『中部大学国際菅家学部紀要』No. 22. 115-124

吉川寛(2000)「アジアの英語事情―韓国の場合」,『英語教育』第49巻 第2号.

吉川寛(2004)日本と韓国の大学生における英語への認識の比較」,『JACET中部支部紀要』第1号,JACET中部支部. 51-65

大井恭子他(2005)「日本と韓国の中学校英語科教科書の比較―論理的思考を育てるという観点から―」,『千葉大学教育学部研究紀要 第53巻』. 249-258

吉川寛(2009)「日本の英語教育への国際英語論の有効性」,*Annual Review of English Learning and Teaching. 14*, JACET九州支部. 83-90

239

韓国の大学生における英語への認識
―日本の大学生と比較して―[1]

吉川　寛

1. はじめに

　近年，世界のリンガフランカとしての英語の重要性が叫ばれているが，夫々の国家，地域の置かれた様々な状況によって英語に対する認識と対応は一様ではない。イギリスの植民地であった地域でも，シンガポールやインドのように英語を公用語の一つとして法規定している国々とマレーシアやスリランカのように民族言語を重視する政策を掲げた国々とでは英語への対応が異なる。あるいは韓国や日本のように，母語話者がほとんどいないにも係らず英語公用語論が議論される国もある[2]。冷戦構造の崩壊によってアメリカ一国が超大国化した状況下で，益々英語が流布しグローバル化して行く現状に，多くの国々や地域が，様々な思いと戸惑いを抱きながら対応しているというのが現状であろう。
　吉川（1999）では，韓国および日本での英語への認識と対応を調査すべく，それぞれの中学校用英語教科書とテレビコマーシャルを分析し比較した。分析結果として，韓国の教科書は，内容的に外国文化より自国文化に焦点があたっており，儒教思想を反映した道徳的，教訓的な内容のもの，韓国の伝統・風物・人物・言語の紹介と礼賛，既成の男女役割に準じたもの，規則遵守を奨励するもの，英語からの外来語の多用を諫めるものなどが多く見受けられた[3]。逆に，外国および外国文化の紹介が少ない。対照的に日本の教科書は，欧米だけでなくアジア，アフリカ，南米などの地域を多く取り上げ，国際理解の促進を目指していると言える[4]。テレビコマーシャルの比較では，日本のコマーシャルは，コーカサス系白人が英語を使用する画面が多く見られるが，韓国の場合は，放送コードによる制限を行っているので，はるかにそのようなコマーシャルの数が少ない。英語を話す場面はほとんど見られなかった[5]。

しかし，韓国の検閲された国定教科書や放送コードのあるテレビ画面には，当然のことながら，政府のある種の意図が反映されていると見るべきである。「外国文化の無防備な流入を避け，自国文化の保護を行う」と言う伝統的な文化政策がここにも現れているといえる。このような他国文化や言語の抑制政策は，必ずしも政府の独断偏向というのではなく，平均的な民意に支持されて来たものであった。そうだとすると，近年における韓国での，「英語ブーム」や「英語公用語論」をどのように解釈するか改めて検討する必要性が出て来る。とりわけ若い世代がこのような状況をどう捉えているのか，やはり，自国文化防衛を優先しているのか，あるいは異なった考えを抱いているのか，興味深い問題である。

本論文では，韓国ならびに日本の若い世代，特に，大学生にアンケート調査を行い，彼等が英語に対してどのような考えを抱いているのか，日韓大学生の英語観の比較とその解明を目指した。

2. アンケート調査と分析

韓国の大学生198名と日本の大学生222名をインフォーマントとして15の質問を行い，5段階評価での回答を求めた[6]。5は「強くそう思う」，4は「どちらかと言えばそう思う」，3は「どちらとも言えない」，2は「どちらかと言えばそう思わない」，1は「そう思わない」とした。また，正確な理解を期してアンケートは英語ではなく，韓国の大学生には朝鮮語で，日本の大学生には日本語で書かれたものを用いた[7]。結果は，各選択肢の選択率を％で表示し，5つのスケールの選択平均値も示した。以下にその分析結果を詳述する。

2.1. 英語の普及について

質問1〜3は，英語が広く流布している状況を一般的にどの様に捉えているかに関する質問である。

質　問		5	4	3	2	1	平均
1. 現在，世界の共通語は英語である。	韓国	44.9	50.5	4.5	0	0	4.4
	日本	47.3	40.5	7.2	3.6	1.4	4.3
2. 韓国／日本では，外国語学習として英語が最も多くの人に学習されているが，これはいいことだ。	韓国	14.3	49.0	23.5	4.1	9.2	3.6
	日本	23.9	41.9	23.9	5.9	4.5	3.7
3. 韓国／日本で，英語を第2公用語にした方がいい。	韓国	9.6	30.3	22.2	14.6	23.2	2.9
	日本	12.7	25.5	30.9	12.7	18.1	3.0

両者とも，国際コミュニケーションにおける英語の重要性と，英語学習は妥当性を強く認識していると言える。質問1に対する回答が，5と4に集中しているのは注目に値する。とりわけ，韓国のそれは95%を越えている。ところが，英語を公用語にすべきか否かという質問には，それほど積極的な賛意を示していない。両者とも，ほぼ単一言語国家であり，公用語化に伴う様々な混乱を予想しての消極回答であろう。

2.2. 英語と英語圏文化について

質　問		5	4	3	2	1	平均
4. 英語学習は，言語的な学習だけでなく，英語圏の文化も学ぶべきだ。	韓国	27.3	46.5	11.6	10.6	4.0	3.8
	日本	48.9	27.8	15.7	4.9	2.7	4.2

質問4は，英語学習の目的を聞くものである。英語学習に言語スキル学習だけでなく英語圏文化の学習をも含むかどうかであるが，日本の大学生は高い数値を出した。特に，半数近くが5を選択していることは注目に値する。韓国の場合も比較的高い数値であるが，これについては，質問12ならびに15との関連で後述したい。

2.3. 英語教師について

どのような英語教師に英語を教授して欲しいかに関する質問か以下の質問5, 6, 7である。

質問		5	4	3	2	1	平均
5. 英語は，日本人／韓国人の先生から学ぶのがいい。	韓国	2.0	8.0	22.7	30.8	36.4	1.9
	日本	2.7	5.9	28.7	31.0	21.6	2.4
6. 英語は，ネイティブスピーカーから学ぶのがいい。	韓国	39.9	37.4	15.7	4.0	3.0	4.1
	日本	27.5	36.6	29.7	3.6	3.6	3.8
7. 英語は，ネイティブスピーカーではない韓国人／日本人以外から学ぶのがいい。	韓国	0.5	7.0	28.1	25.1	39.2	2.0
	日本	2.3	6.8	39.8	21.3	29.9	2.3

　ある程度予想できたことだが，ノンネイティブの教師とネイティブの教師についての学生の回答結果はかなり対照的なものとなった。同国人の教師からの教授を非とする者が，韓国で70％近く，日本で50％を越える高率であり，その反面，ネイティブスピーカーからの教授を是とする者が，韓国で80％近く，日本で約65％を示している。また，ネイティブスピーカーでもなく同国人でもない教師からの教授に関しても，韓国で65％以上が，日本でも50％以上が否定的な回答をしている。いわゆる「ネイティブ神話」がここで立証されたと言える。とりわけ，韓国においてその傾向が顕著である。

2.4. 英語変種について

質問		5	4	3	2	1	平均
8. 国際的に理解されたいなら，アメリカ英語かイギリス英語を学ぶべきだ。	韓国	14.6	44.9	20.2	11.1	9.0	3.4
	日本	17.2	36.2	25.3	13.1	8.1	3.4
9. シンガポール英語やインド英語は，学習モデルとしてふさわしくない。	韓国	20.7	23.2	24.7	19.7	11.6	3.2
	日本	5.0	18.5	38.7	23.0	14.9	2.8

　質問8は，学習対象としての英語変種についての質問であるが，日本の大学生の50％以上，韓国の大学生の60％近くが，アメリカ英語あるいはイギリス英語を学習モデルとすべきだと回答している。前述の質問6の回答結果を考慮に入れれば，このような数字も当然といえるであろう。「英語とは，アメリカ，イギリスをはじめとした英語圏の言語である」という認識の表れと言える。興味深いのは質問9の回答結果である。韓国に較べて日本の回答平均値はかなり低い。選択肢の1「そう思わない」と2「どちらかと言えばそう思わない」を選

んだ大学生が40％を越えている。5と4を選択した大学生が20％強程度であることから推測すると，シンガポール英語やインド英語のような「新英語（New Englishes）」を学習モデルとすることに対し韓国より日本は抵抗がないと言える。これが日本の英語教育の柱の一つである「国際理解教育」の成果の一つと言えるのかどうか，今後の検証を要するが，注目に値する結果である。

このような結果が，質問14の結果とある程度連動しているのは興味深い。

質問		5	4	3	2	1	平均
14. 韓国人／日本人は，韓国的／日本的な英語でかまわない	韓国	5.1	19.2	15.2	35.4	25.3	2.4
	日本	15.3	20.7	20.3	24.8	18.9	2.9

英語変種に対する容認度が低い韓国の大学生は，韓国的な英語に対しても60％以上のものが否定的に回答をしている。それと比較して，日本の大学生は日本的な英語に対して賛否相半ばする結果となっている。英語の多様化に関する両者の認識の差が現われていると言えよう。

2.5. 英語学習の現状について

質問10，11，13は，英語学習や英語能力が様々な状況で求められることに対し，両国の大学生達はどの様に考えているかを問う質問である。

質問		5	4	3	2	1	平均
10. 大学の入学（と卒業）に英語力が要求されるが，いいことだ。	韓国	20.7	48.5	21.7	3.0	6.0	3.7
	日本	7.2	27.8	39.5	14.3	11.2	3.1
11. 就職時にも英語力が要求されるが，いいことだ。	韓国	18.2	49.5	19.7	5.6	7.0	3.7
	日本	9.5	29.9	35.3	15.4	10.0	3.1
13. 韓国／日本では，小学校でも英語を学んでいる／学ぶことになるが，いいことだ。	韓国	10.6	35.4	34.8	11.1	8.1	3.3
	日本	24.8	37.8	18.0	10.4	9.0	3.6

韓国では，入学時と卒業時に英語能力試験を課している大学が多いが，日本では，一定の英語能力を卒業条件としている大学はまだ少数である。また，就職時においても，英語能力を問題にする企業は韓国の方が相対的におおいようだ。いずれにせよ，日本より韓国の方が，英語能力を様々な判断基準・選別基

準として活用している度合いが高いというのが現状である。質問10, 11において，70％近い学生が5と4を選択している回答結果を見ると，韓国の学生は英語重視の傾向を受け入れていると言える。それとは対照的に，日本の学生は，そのような傾向を余り歓迎していない。近年，日本の企業も英語能力を採用基準の一つにするところも増えてきているので，大学生も英検，TOEIC，TOEFLなどの検定試験を受ける者の数は増加しているが，現時点では，まだ韓国ほど定着していないと言えよう。

小学校での英語教育に対する評価については，両者間に興味深いで差が生じている。韓国は1997年に小学校における英語教育を義務化し，早期英語教育では日本より先行している。早期英語教育がブーム化しており，幼稚園でも英語教育を売り物にするところが現われ，教育熱心な親達には非常に好評である。しかし，全ての教育機関での義務的な学習と就職のための過酷な詰めこみ教育の「犠牲者」である韓国人大学生にとって，小学校における英語の義務教育化に対しては複雑な思いがあるのではないだろうか。いくぶん現状批判的姿勢が余り高くない平均値に現われているものと推測される。一方，「国際理解」の名目で，選択科目としての英語の小学校教育への導入を2002年にはじめた日本では，相対的な早期英語教育に対する期待感の反映でかなりの高得点となっているものと思われる。

2.6. 英語の母語への影響について

質問12は，母語に対する英語の影響を問うものであるが，日韓大学生の回答結果は極めて対照的なものとなっている。

質問		5	4	3	2	1	平均
12. 朝鮮語／日本語の中に，英語からの外来語が増えているが，制限すべきだ。	韓国	21.2	33.3	29.8	9.1	6.6	3.5
	日本	6.8	11.3	18.9	33.8	29.3	2.3

韓国の大学生は，半数以上が朝鮮語への英語からの外来語を制限すべきだと答え，容認派は15％強に過ぎなかった。それに対し，日本の容認派は64％を越えている。実の対照的な分布である。韓国の中学用国定英語教科書とテレビコマーシャルとの分析結果（吉川（1999））から，韓国の自国文化防衛気風の強

さが見られることは既に述べたが，韓国の若い世代にも同様の傾向が見られることがこの回答結果から窺える。それに反して，日本の大学生は英語からの外来語をかなり容認している。実際は功罪半ばすると思われるが，英語外来語が英語学習の助けになると考えている日本の大学生も少なくないようである。

2.7. 英語学習の目的

質問15は，大学での英語学習の目的をたずねたものである。18項目の選択肢を示し，複数回答を可能とした。回答数の上位一位から五位までを次に示す[8]。

	韓国の大学生（198）		%	日本の大学生（222）		%
1	就職活動を有利に進めるため。	158	79.8	英語を母語とする人と交流するため。	122	55.0
2	漠然と，将来役立つと思うから。	143	72.2	外国のことを知るため。	106	47.7
3	外国で英語の能力を仕事に活かすため。	111	56.1	就職活動を有利に進めるため。	95	42.8
4	韓国で英語の能力を仕事に活かすため。	89	44.9	日本で英語の能力を仕事に活かすため。	90	40.5
5	海外旅行に活かすため。	86	43.4	海外旅行に活かすため。	78	35.1

この質問結果も非常に対照的である。韓国の大学生の場合，就職や仕事などに活かすという実利的な目的が英語学習の理由の上位4位を占めている。特に，就職活動に有利になると考えている学生が80％という高率である。それに対し，日本の大学生の場合は，英語を文化交流や異文化理解の目的で学習するという回答が1，2位を占めており，就職，仕事は，3，4となる。日本の大学生の回答1，2位となった項目は，韓国では8位と低く，199名中共に47名にすぎなかった。

次ぎに，回答数が少ないものを挙げる。

	韓国の大学生		日本の大学生	
1	特に目的や理由はない。	8	特に目的理由はない。	3
2	英語を母語としない韓国人以外の人と交流するため。	14	ボランティア活動に活かすため	21
3	英語で映画を鑑賞するため。	19	日本のことを世界に知らせるため。	32
4	英語で書かれている新聞や雑誌をよむため。	21	漠然と，将来役立つと思うから。	32
5	ボランティア活動に活かすため。	22	国内で進学するため。	33

「英語を母語としない韓国人以外の人と交流するため」，「英語で映画を鑑賞するため」「英語で書かれている新聞や雑誌をよむため」などの回答数の低さから見て，韓国の大学生が英語学習目的として，異文化交流や外国文化の吸収ということを余り考えていないと判断できそうだ。既述の質問4「英語学習は，言語的な学習だけでなく，英語圏の文化も学ぶべきだ。」で，韓国の大学生の70%以上が肯定している結果と矛盾しているが，これは，やはり，建て前と本音の相違と見るべきであろう。「韓国の教育部（日本の文部科学省に当たる）は，英語教育の目標として『外国の文化を理解することによって，韓国の文化を新たに認識し，正しい価値観をもたせる』ことを揚げているが，国定の英語教科書の内容から見ると，焦点は『外国の文化』ではなく『韓国の文化』に当たっている」と吉川（2000）で述べたが，ここでも同様な状況があるといえるだろう。日本人大学生の場合，ボランティア活動や日本紹介のための英語使用など，外向的な学習目的意識が低いと言えそうだ。

3. まとめ

今回のアンケート調査によって幾つかの知見を得ることができた。先ず，両国の大学生の共通点として，(1) 英語が現代の「国際共通語」であると強く認識していること，(2) 英語学習はネイティヴの教師によって行われる方がよいと強く考えていることの2点が挙げられる。現在，世界で20億人もの英語使用者がいるといわれる現状と，アメリカ，イギリスなど，世界の政治，経済，軍事をリードする，いわゆる「先進国」が英語母語国であることを考慮する

と，（1）の英語を「国際共通語」であるとする認識は予想される結果である。「英語学習はネイティヴの教師で」とする（2）の結果は，いわゆる「ネイティヴ神話」が健在であることを裏付けるものであるが，これはかつての両国における英語教育に対する反動と考えるべきであろう。戦前日本の植民地であった朝鮮半島では，訳読中心の日本式英語教育が行われていて，「解放」後もその影響が色濃く残っていたことは良く知られていることである。いずれにしても，両国とも，集約すれば「読み，書き」能力の養成を中心とする語学教育であったと言える。大半の人々が，海外へ出向いたり，外国人と接触したりする機会がほとんどなかった時代では，外国語並びに外国文化の学習は書物を基盤とすることは当然であったであろう。「話す，聞く」能力の養成が軽視されたのも理由がない訳ではなかった。しかし，近年の国際化の中で，英語の聴解力と会話力が要求されることになったが，両国の英語教育界は，教育環境の不備や教師の聴解力，会話能力不足などにより要求を直ちに充足できなかった。このようなことが「ネイティブ神話」を生み出した原因であろう。

　両国の大学生の間で大きな差が出たのは英語学習の理由と目的である。日本の大学生が，英語学習の主たる目的を英米文化の吸収と考えているのに対して，韓国の大学生は，就職などの実利的な目的を強く意識している。このような相違は，夫々の国の地勢的，歴史状況とそれから生まれた伝統意識の相違によるものと考えられる。日本は，元寇，鎖国，第2次世界大戦での敗戦など，対外的な軋轢は経験したものの，中国・朝鮮文化の輸入，出島を窓口としたヨーロッパとの接触，明治以降の欧米文明の模倣，敗戦後のアメリカ文化の影響など，外部からの文明・文化の流入を一貫して受け入れてきた。そして，それを発展，昇華することにより日本は進歩したのだという国民的認識がある。日本の大学生が「英語学習の主たる目的は英米文化の吸収」と認識しているのもこのような背景があるからと言えよう。一方，朝鮮半島が大陸と陸続きであるという地勢的状況は韓国独特の伝統意識を生んだ。歴史的に大陸の漢民族，蒙古民族，満州民族に服従を強いられ，近年には日本の植民地となった韓国は，繰り返される外からの侵略と抑圧に対して警戒的な姿勢が生じたと言える。安全と安定の長期化の困難さを痛感し，即断即効を旨とする国民性が育まれたのも自然であろう。それが，「英語学習は就職など実利的な目的のため」

と韓国の大学生が考える素地となっているものと思われる。

　また，この国民性の違いが，自国語への外来語の流入に関する意識の違いにも反映されていると言える。外圧に服従しながらも自国文化防衛に徹してきた韓国が外来語の流入に拒否反応を示すのも当然であろう。逆に，外国文化の流入を容認，時には歓迎してきた日本は，外来語の流入に対してもそれほど強い反感を持たなかった。英語外来語容認派が韓国の大学生の中では15％強に過ぎないのに対して，日本の大学生では64％を越えているという対照的な結果の背景にはこのような国民性の相違があると考えられる。また，英語圏以外の英語変種に対しても韓国の大学生より日本の大学生の方が寛容であるという事実もこのような相違が関与しているものとの考えられる。

　今回の調査では，日韓両国の若者の意識の中に伝統的な国民性の反映を見ることができた。特に，近年の韓国では，若者の年長者に対する敬意の低下や，離婚率の急増など，儒教精神に反する傾向があると伝えられているが，今回のアンケート調査結果では，自国語，自国文化の防衛という点において，これまでの伝統的考えが「健在」であることが知見できた。インフォーマントの数量や地域に限界があり即断はできないまでも，一定の傾向は出ているのではないかと思われる。しかし，数量や地域を拡大しより精密な検証が必要であることは言うまでもない。今後の課題としたい。

注

1) 本論は，吉川寛（2004）「日本と韓国の大学生における英語への認識の比較」『JACET中部支部紀要　第1号』pp.51-65に加筆，修正を加えたものである。
2) 日本と韓国では，共に1999年に英語公用語化の議論が起こった。日本では，故小渕首相が委嘱した「二十一世紀日本の構想」懇談会（河合隼雄座長）で，韓国ではCenter for Free Enterprise主催のフォーラムで議論された。
3) (1)Praising and glorifying Korean culture, national characteristics, and prominent figures, I love my country, Korea. It is a beautiful country....

In our long history, we have many great men.... We Koreans worked hard for the 1988 Seoul Olympic Games. They were a great success. (Lesson 18, 1st year Textbook) There are many Koreans who are famous at home and abroad. They have done a great job for our country. We are proud of them. (Lesson 17. 2nd year Textbook)
(2) Mentioning of unreasonable use of English: Sometimes we use English when we don't need to. For example, we don't need to use fan or notebook. There are good Korean words like.... (Lesson 3. 2nd year Textbook)
4) New Crown では，ケニア，中国，アメリカ，オーストラリア，イギリス，モンゴル，韓国，スーダン，シンガポール，ウエールズの地域に触れられている。
5) 日本と韓国のテレビコマーシャル各150編の内訳は以下のようであった。

コマーシャルの登場人物と使用言語	Korea	Japan
登場人物がコーカサス系で英語が使用されないもの	17	18
同上であるが英語が使用されるもの	1	16
日本人または韓国人で自国語が使用されるもの	132	116
	150	150

6) インフォーマントの内訳は以下のようである。日本語版のアンケートは文末の（資料）に示した。

	総数	女	男	人文科学関連	自然科学関連	社会科学関連
日本	222	131	91	106	53	63
韓国	198	127	71	37	73	88

7) 質問の一部，特に，質問15は，竹下他（2001）での質問を筆者の了解を得て使用した。
8) 質問15の回答例と全体の結果は文末の（資料）に示した。

参考文献

權五良（1990）「韓国の英語教育と韓国式英語」，『アジアの英語』，くろしお出版，東京．23-41

大谷泰照（1996）「日本人の言語文化意識」『言語文化研究　第22号』，大阪大学言語文化研究科．1-25

佐藤和之（2000）「国連公用語と日本語」，『月刊言語』Vol.29，No.8，大修館書店，東京．

竹下裕子他（2001）「東洋英和女学院大学における英語教育に関する学生の現状と課題―語学意識調査結果を中心に―」，『東洋英和字女学院大学　人文・社会科学論集　第17号』．

吉川寛（1999）「規範言語としての英語（その3）―日本と韓国の場合―」，『中部大学国際関係学部紀要 No.22』．115-124

吉川寛（2000）「アジアの英語事情2―韓国の場合」，『英語教育　第49巻第2号』，大修館書店，東京．

吉川寛（2002）「韓国」，『事典　アジアの最新英語事情』，大修館書店，東京．38-52

資　料

1. アンケート

性別：　男　　女（○で囲んで下さい。）
専門：　英語関連　他の人文科学　自然科学　その他（○で囲んで下さい。）

　以下の質問で，スケールを用いた設問には数字に○を付けて下さい。選択式の質問の回答は，□にチェック（✓）をして下さい。自由回答の質問には，自由に答えて下さい。
　（選択肢の基準）
　5＝強くそう思う。
　4＝どちらかと言えばそう思う。
　3＝どちらとも言えない。
　2＝どちらかと言えばそう思わない。
　1＝そう思わない

【設　問】
1. 現在，世界の共通語は英語である。
　　【　　5　　4　　3　　2　　1　　】

2. 日本では，外国語学習として英語が最も多くの人に学習されているが，これはいいことだ。
　　【　　5　　4　　3　　2　　1　　】

3. 日本で，英語を第2公用語にした方がいい。
　　【　　5　　4　　3　　2　　1　　】

4. 英語学習は，言語的な学習だけでなく，英語圏の文化も学ぶべきだ。
　　【　　5　　4　　3　　2　　1　　】

5. 英語は，日本人の先生から学ぶのがいい。
   【　5　　4　　3　　2　　1　】

6. 英語は，ネイティブスピーカーから学ぶのがいい。
   【　5　　4　　3　　2　　1　】

7. 英語は，ネイティブスピーカーではない日本人以外から学ぶのがいい。
   【　5　　4　　3　　2　　1　】

8. 国際的に理解されたいなら，アメリカ英語かイギリス英語を学ぶべきだ。
   【　5　　4　　3　　2　　1　】

9. シンガポール英語やインド英語は，学習モデルとしてふさわしくない。
   【　5　　4　　3　　2　　1　】

10. 大学の入学と卒業に英語力が要求されるが，いいことだ。
    【　5　　4　　3　　2　　1　】

11. 就職時にも英語力が要求されるが，いいことだ。
    【　5　　4　　3　　2　　1　】

12. 日本語の中に，英語からの外来語が増えているが，制限すべきだ。
    【　5　　4　　3　　2　　1　】

13. 日本では，来年から小学校でも英語を学ぶことになるが，いいことだ。
    【　5　　4　　3　　2　　1　】

14. 日本人は，日本的な英語でかまわない。
    【　5　　4　　3　　2　　1　】

15. どのような目的をもって，あるいはどのような理由から英語を学んでいますか。

　　（複数回答可）
　　□　就職活動を有利に進めるため。
　　□　日本で英語の能力を仕事に活かすため。
　　□　外国で英語の能力を仕事に活かすため。
　　□　国内で進学するため。
　　□　留学するため。
　　□　海外旅行に活かすため。
　　□　ボランティア活動に活かすため。
　　□　日本のことを世界に知らせるため。
　　□　外国のことを知るため。
　　□　英語を母語とする人と交流するため。
　　□　英語を母語としない日本人以外の人と交流するため。
　　□　英語で映画を鑑賞するため。
　　□　英語で書かれている新聞や雑誌をよむため。
　　□　学業成績を上げるため。
　　□　語学の勉強が好きだから。
　　□　必修科目で卒業のため必要だから。
　　□　漠然と，将来役立つと思うから。
　　□　特に目的や理由はない。
　　□　その他

2. 質問1〜14までの結果

質　　問		5	4	3	2	1	平均
1. 現在，世界の共通語は英語である。	韓国	44.9	50.5	4.5	0	0	4.4
	日本	47.3	40.5	7.2	3.6	1.4	4.3
2. 韓国／日本では，外国語学習として英語が最も多くの人に学習されていこれはいいことだ。	韓国	14.3	49.0	23.5	4.1	9.2	3.6
	日本	23.9	41.9	23.9	5.9	4.5	3.7

3. 韓国／日本で，英語を第2公用語にした方がいい。	韓国	9.6	30.3	22.2	14.6	23.2	2.9
	日本	*12.7*	*25.5*	*30.9*	*12.7*	*18.1*	*3.0*
4. 英語学習は，言語的な学習だけでなく，英語圏の文化も学ぶべきだ。	韓国	27.3	46.5	11.6	10.6	4.0	3.8
	日本	*48.9*	*27.8*	*15.7*	*4.9*	*2.7*	*4.2*
5. 英語は，日本人／韓国人の先生から学ぶのがいい。	韓国	2.0	8.0	22.7	30.8	36.4	1.9
	日本	*2.7*	*5.9*	*28.7*	*31.0*	*21.6*	*2.4*
6. 英語は，ネイティブスピーカーから学ぶのがいい。	韓国	39.9	37.4	15.7	4.0	3.0	4.1
	日本	*27.5*	*36.6*	*29.7*	*3.6*	*3.6*	*3.8*
7. 英語は，ネイティブスピーカーではない韓国人／日本人以外から学ぶのがいい。	韓国	0.5	7.0	28.1	25.1	39.2	2.0
	日本	*2.3*	*6.8*	*39.8*	*21.3*	*29.9*	*2.3*
8. 国際的に理解されたいなら，アメリカ英語かイギリス英語を学ぶべきだ。	K	14.6	44.9	20.2	11.1	9.0	3.4
	日本	*17.2*	*36.2*	*25.3*	*13.1*	*8.1*	*3.4*
9. シンガポール英語やインド英語は，学習モデルとしてふさわしくない。	K	20.7	23.2	24.7	19.7	11.6	3.2
	日本	*5.0*	*18.5*	*38.7*	*23.0*	*14.9*	*2.8*
10. 大学の入学（と卒業）に英語力が要求されるが，いいことだ。	韓国	20.7	48.5	21.7	3.0	6.0	3.7
	日本	*7.2*	*27.8*	*39.5*	*14.3*	*11.2*	*3.1*
11. 就職時にも英語力が要求されるが，いいことだ。	韓国	18.2	49.5	19.7	5.6	7.0	3.7
	日本	*9.5*	*29.9*	*35.3*	*15.4*	*10.0*	*3.1*
13. 韓国／日本では，小学校でも英語を学んでいる／学ぶことになるが，いいことだ。	韓国	10.6	35.4	34.8	11.1	8.1	3.3
	日本	*24.8*	*37.8*	*18.0*	*10.4*	*9.0*	*3.6*
14. 韓国人／日本人は，韓国的／日本的な英語でかまわない	韓国	5.1	19.2	15.2	35.4	25.3	2.4
	日本	*15.3*	*20.7*	*20.3*	*24.8*	*18.9*	*2.9*

3. 質問15の結果

		韓国（198）		日本（222）	
15. どのような目的をもって，あるいはどのような理由から英語を学んでいますか。		回答数	%	回答数	%
a	就職活動を有利に進めるため。	158	79.8	95	42.8
b	韓国／日本で英語の能力を仕事に活かすため。	89	44.9	90	40.5
c	外国で英語の能力を仕事に活かすため。	111	56.1	42	18.9
d	国内で進学するため。	35	17.7	33	14.9
e	留学するため。	34	17.2	40	18.0
f	海外旅行に活かすため。	86	43.4	78	35.1

g	ボランティア活動に活かすため。	22	11.1	21	9.5
h	日本のことを世界に知らせるため。	30	15.2	32	14.4
I	外国のことを知るため。	47	23.7	106	47.7
j	英語を母語とする人と交流するため。	47	23.7	122	55.0
k	英語を母語としない日本人以外の人と交流するため。	14	7.1	62	27.9
l	英語で映画を鑑賞するため。	19	9.6	70	31.5
m	英語で書かれている新聞や雑誌をよむため。	21	10.6	60	27.0
n	学業成績を上げるため。	68	34.3	64	28.8
o	語学の勉強が好きだから。	54	27.3	60	27.0
p	必修科目で卒業のため必要だから。	62	31.3	72	32.4
q	漠然と，将来役立つと思うから。	143	72.2	32	14.4
r	特に目的や理由はない。	8	4.0	3	1.4
s	その他				

執筆者紹介

中川 直志（なかがわ　なおし）
【略歴】1968年生まれ。1999年3月名古屋大学大学院文学研究科博士後期課程満期退学（博士（文学）：2002年）　現在：中京大学文化科学研究所所員，中京大学国際英語学部教授
【主な業績】「tough節の範疇についての一考察：共時的視点と通時的視点から」(*JELS* 34, 2017)；「tough構文の構造と派生の歴史的変遷について」(中野弘三・田中智之編，『言語変化：動機とメカニズム』，開拓社，2013)；「tough構文の主節構造について」(*JELS* 30, 2013)；「第4章　Aバー移動」(田中智之編『統語論』，朝倉書店，2013)；「Tough構文に対する単文分析の可能性」(『日本英文学会第83回大会Proceedings』，2011)；"Two Versions of Agree and the Derivation of the *Tough* Construction"(*English Linguistics* 24-1, 2007)；"Bare vP Analysis of the Infinitival Clause in OE：Historical Development of *Tough* Constructions"(*English Linguistics* 18-2, 2001).

松元 洋介（まつもと　ようすけ）
【略歴】1984年生まれ。2014年3月名古屋大学大学院文学研究科博士後期課程修了（博士（文学）：2014年）　現在：中京大学文化科学研究所所員，中京大学国際英語学部講師
【主な業績】「前置詞残留の史的発達と循環的線形化」(中野弘三・田中智之編，『言語変化：動機とメカニズム』，開拓社，2013)；「英語の不定詞関係節における前置詞随伴」(『日本英文学会第85回大会Proceedings』，2013)；"On the Historical Development of Preposition Stranding in English"(*English Linguistics* 30-1, 2013)；"On the Syntactic Change of Imperatives in the History of English"(*IVY* 44, 2011).

吉川 寛（よしかわ　ひろし）
【略歴】　1943年生まれ。1975年6月イリノイ大学大学院言語学研究科修士課程修了（MA）　現在：中京大学文化科学研究所準所員，日本「アジア英語」学会会長
【主な業績】『「国際英語論」で変わる日本の英語教育』(共著，くろしお出版，2016)；『英語教育学体系　第3巻　英語教育と文化』(共著，大修館書店，2010)；「日本の英語教育への国際英語論の有効性」(JACET九州支部学会誌，2009)；"International intelligibility in World Englishes: focusing on idiomatic expressions"(*ICS XIC XVII*：4, 2008)；"Recognition of world Englishes: changing in Chukyo University students' attitudes"(*World Englishes* 24.3, Blackwell, 2005)；「英語のグローバル化」(『立命館　言語文化研究』14, 1, 2002).

中京大学文化科学叢書　第 18 輯
英語学と英語教育の接点

2017 年 3 月 30 日　第 1 版第 1 刷発行

編著者　中　川　直　志

著　者　松　元　洋　介
　　　　吉　川　　　寛

発行者　福　岡　正　人

発行所　株式会社　金星堂

（〒101-0051）東京都千代田区神田神保町 3-21
Tel.(03)3263-3828（営業部）
　　(03)3263-3997（編集部）
Fax (03)3263-0716
http://www.kinsei-do.co.jp

ⒸNAKAGAWA Naoshi, MATSUMOTO Yosuke, YOSHIKAWA Hiroshi 2017
ISBN978-4-7647-1164-8　Printed in Japan

＊本書の無断転載・複写は著作権法上での例外を除き禁じられています。本書を代行業者等の第三者に依頼してスキャンやデジタル化することは、たとえ個人や家庭内での利用であっても認められておりません。

＊落丁本・乱丁本はお取替いたします。